智慧高速公路建设理论与实践发展研究论丛

智慧高速公路信息采集技术与应用

冉　斌　孙兴焕　何赏璐　张　健　编著

人民交通出版社股份有限公司
China Communications Press Co.,Ltd.

内 容 提 要

《智慧高速公路信息采集技术与应用》是《智慧高速公路建设理论与实践发展研究论丛》系列丛书中信息采集部分内容，分为理论篇和实践篇。本分册主要阐述了高速公路交通信息采集对象以及相关原理和方法，分析对比了各种采集技术。在此基础上，以江苏省高速公路信息化平台信息采集系统为例，依据系统设计方法，全面分析了信息采集系统设计需求，并提出了相关的系统设计方案，详细说明了系统中各采集方法的业务模型、功能设计、设计要求，最后依据设计概括性地提出了该系统布设原则、方案及软硬件配置要求。

本书主要面向高速公路信息化建设管理人员，同时可供从事高速公路信息采集科研、软件系统开发等工作的人员参考。

图书在版编目(CIP)数据

智慧高速公路信息采集技术与应用 / 冉斌等编著. —北京：人民交通出版社股份有限公司，2016.11

ISBN 978-7-114-13145-5

Ⅰ. ①智… Ⅱ. ①冉… Ⅲ. ①高速公路—信息获取 Ⅳ. ①U495

中国版本图书馆 CIP 数据核字(2016)第 144528 号

智慧高速公路建设理论与实践发展研究论丛

书　　名：智慧高速公路信息采集技术与应用

著 作 者：冉　斌　孙兴焕　何赏璐　张　健

责任编辑：韩亚楠　郭红蕊　李　娜

出版发行：人民交通出版社股份有限公司

地　　址：(100011)北京市朝阳区安定门外外馆斜街 3 号

网　　址：http://www.ccpress.com.cn

销售电话：(010)59757973

总 经 销：人民交通出版社股份有限公司发行部

经　　销：各地新华书店

印　　刷：北京盛通印刷股份有限公司

开　　本：880 × 1230　1/16

印　　张：8.5

字　　数：260 千

版　　次：2016 年 11 月　第 1 版

印　　次：2016 年 11 月　第 1 次印刷

书　　号：ISBN 978-7-114-13145-5

定　　价：80.00 元

《智慧高速公路建设理论与实践发展研究论丛》编委会

参　编　单　位

东南大学

江苏交通控股有限公司

江苏高速公路联网营运管理有限公司

江苏宁沪高速公路股份有限公司

江苏扬子大桥股份有限公司

江苏广靖锡澄高速公路有限责任公司

序言
FOREWORD

经济全球化和社会信息化是当今世界发展的重要标志，继互联网技术之后，物联网、云计算、大数据等技术的迅猛发展，极大地加速了经济全球化和社会信息化的进程，使人们的沟通和联系越来越便捷。信息技术已经深入社会经济活动的各个领域，改变着我们的生活，影响着我们的行为方式。

智慧交通是当今国际交通运输领域的发展前沿之一，它是高新技术在交通领域集成应用的产物。从国内外智慧交通的发展和应用看，其是信息技术与传统产业结合而创造出的新领域，智慧交通借助新一代信息技术的发展，既能提升交通服务水平、实现现代交通运输服务，又可为国家战略性新兴产业提供广阔应用环境。新一代信息技术在交通领域的应用，不但使交通服务更加丰富和人性化、使交通运输系统效率更高，还将在信息技术与交通科学技术的交叉点上产生创新。可以说新一代信息技术发展，既为智慧交通发展提供了新动力，也是交通领域加快转变经济发展方式的具体体现。

智慧交通是提升交通运输服务水平的有效途径，也是推动交通运输转型升级的重要支撑。2011 年 6 月，交通运输部出台的《公路水路交通运输“十二五”科技发展规划》(交科技发〔2011〕234 号)，明确交通运输科技发展必须紧紧围绕科学发展这一主题、加快转变发展方式这条主线，着力提高创新能力，持续推进科技进步与创新，支撑和引领交通运输科学发展。高速公路是交通运输体系的一个重要组成部分，对国民经济和社会发展起着重要作用。高速公路网作为重要的交通基础网络，加快路网建设、创新发展、提高信息化智能化水平已是大势所趋，许多先进创新成果的应用已成为高速公路路网持续发展提升的核心驱动力。

智慧高速公路是智慧交通发展中的重要环节，其核心在于创新高速公路运行服务的体制机制和商业模式，整合资源、统一平台、共建共享、协同管理、智慧服务。经过近几年的发展，高速公路建设在交通事故应急处置、偷逃通行费防范打击、交通状态实时监测预警、公众出行全方式全方位服务等方面均取得了显著效果。打造智慧高速公路，将加快交通运输行业科技成果的转化，充分发挥科学技术在转变发展方式、发展现代交通运输业中的支撑和引领作用。加大新技术的集成、推广应用和关键技术的研究创新，能够提升高速公路运营与服务智能化信息化水平，切实解决智能化平台营运管理的各种问题，从而实现高速公路运行管理的跨越式发展。这与交通运输部部长杨传堂在全国交通运输工作会上提出的加快推进“四个交通”发展不谋而合。“综合交通是核心，智慧交通是关键，绿色交通是引领，平安交通是基础”。本套论丛对智慧高速公路建设发展的探求，正是“智慧交通”在高速公路领域的实例化体现，是对其深刻学习领悟后的创造性应用成果。

江苏省智慧高速的发展，从高速公路全路网信息化顶层设计、系统架构、数据采集平台、数据中心、指挥调度平台、公众服务平台、决策支持系统、运行维护系统、相关配套工程等多个方面进行了设计与实施建设。《智慧高速公路建设理论与实践发展研究论丛》在对国内外交通信息化智能化建设经验进行充分研究的基础上，结合江苏省高速公路信息化智能化的工程实践经验，分别从高速公路信息化总体工程、数据采集平台、数据中心、公众服务平台、指挥调度平台、运行维护平台等进行了系统分析与深入思考，并从理论分析与工程实践相结合的角度对高速公路信息化系统设计、实施等方面进行全面介绍。丛书提出了高速公路信息化建设的顶层设计思路与总体框架内容，系统阐述了数据中心在高速公路信息化建设过程中的重要位置，详细地介绍了高速公路信息采集技术、数据中心、指挥调度系统、公众服务系统、运行维护系统的功能与用途。丛书通过对江苏智慧高速公路这一交通运输部科技示范工程创新成果的凝练以及对信息化智能化建设成果的总结，为全国高速公路信息化智能化建设的推进提供了借鉴与参考。

现代科学技术发展日新月异，新技术应用与交通科技创新相辅相成、相得益彰。智慧高速公路的建设，将进一步丰富智慧交通的发展内涵，打造便捷、高效、绿色、安全的出行环境，推动现代交通运输体系服务水平提升，从而为我国社会主义现代化建设提供有力保障。

中国智能交通协会理事长

前言

PREFACE

《智慧高速公路建设理论与实践发展研究论丛》系列丛书以高速公路运营管理和公众服务的现代化、信息化和智能化理论为导向，立足于江苏省智慧高速公路建设实践，旨在为高速公路运营管理者提供理论和经验借鉴，为智能交通系统理论的研究和发展奠定基础。本书是《智慧高速公路建设理论与实践发展研究论丛》系列丛书中关于高速公路信息采集的分册。

近些年来，随着高速公路运输量的快速增加，高速公路大规模交通拥堵问题日益严重，节假日更是已经呈现常态化拥堵，高速公路管理压力与日俱增。同时，信息技术与各个产业的结合所表现出的强大潜力，也让我们意识到“互联网＋”对产业优化升级的巨大推动作用。智慧交通将信息化技术、通信技术、控制技术运用到交通领域，充分挖掘现有交通设施的潜力，变革交通发展方式，是未来交通产业优化升级的重点。高速公路网作为国民经济建设的重要支撑骨架，将智慧交通应用到高速公路网上，不仅能极大地实现经济效益，而且还能积累智慧交通经验，推动国内智慧交通综合发展。智慧高速公路交通信息采集是结合传统交通信息检测手段与新兴检测方法，利用先进的传感器技术、通信技术实现高速公路交通状态精确、全面的感知。它不仅是智慧高速公路极其重要的组成部分，同时还是智慧高速其他各系统发挥作用的重要前提和数据支撑。

本书从理论和实践两个方面系统地介绍了高速公路信息采集系统的基本概念、基本技术和设计方案。全书分为两篇：理论篇共两章，包括交通信息采集对象和交通信息自动化采集方法，分别介绍了各项交通信息采集的目的和方法以及各类交通信息检测技术的基本原理和其优缺点；实践篇共三章，以江苏省高速公路信息化平台信息采集系统为实例，介绍了信息采集系统的需求分析、设计方案、系统软硬件布设原则及方案等内容。

在本书的撰写与出版过程中，得到了行业内诸多领导、专家、老师们的关心与支持。尤其是江苏交通控股有限公司总经理助理、联网中心主任崔小龙，江苏高速公路联网营运管理有限公司总经理赵佳军、副总经理孙兴焕、副总经理陈如红、总经理助理谢萌萌、技术部经理曹晓峰、原技术部经理韩惠婷、经理助理王棚、原技术部主管游楠，上海美慧软件有限公司总经理孟华、部长雷怡、经理王金峰，在此对各位领导、专家所提供的帮助深表感谢！

作　者

2016 年 5 月

导读
INTRODUCTION

《智慧高速公路建设理论与实践发展研究论丛》系列丛书以高速公路营运管理和公众服务的现代化、信息化和智能化为理论导向，立足江苏省智慧高速公路建设实践，旨在为高速公路营运管理者提供理论和经验借鉴，为智能交通系统理论的研究和实践奠定基础。本丛书共六册，包含《智慧高速公路理论与实践总论》、《智慧高速公路信息采集技术与应用》、《智慧高速公路信息采集技术与应用》、《智慧高速公路指挥调度系统建设与运营》、《智慧高速公路公众服务平台建设与运营》、《智慧高速公路运行维护管理系统建设》，详细阐述了智慧高速公路总体设计原理与建设实践、各重要子平台系统的理论和实践。

《智慧高速公路理论与实践总论》统领本套丛书，率先界定了智慧高速公路的内涵，阐述了智慧高速公路的发展历程，分析了智慧高速公路的服务对象及其需求，明确了智慧高速公路的功能与技术需求。在此基础上，结合江苏省智慧高速建设实践经验，提出了高速公路运营与服务智能化平台的总体架构、系统功能以及技术要求，并概括性介绍了相关建设实施方法。

《智慧高速公路信息采集技术与应用》分上下篇，分别为信息采集理论篇和信息采集实践篇。理论篇包括交通信息的采集对象和交通信息自动化采集方法两部分内容，并对各种采集技术进行了对比分析；实践篇以江苏省高速公路信息化平台信息采集系统为例，从需求分析、系统设计和系统布设原则及方案三个方面进行了全面的阐述，以期为其他省市智慧高速公路信息采集系统的建设提供参考与借鉴。

《智慧高速公路数据中心建设与运营》分上下篇，分别为数据中心理论篇和数据中心实践篇。理论篇包括数据中心的发展历程、经典架构、数据存储、数据挖掘、安全与节能、机房建设等内容；实践篇以我国第一个省级智慧高速公路示范区为例，系统介绍了江苏省高速公路数据中心的建设实践，以期为其他省市智慧高速公路数据中心建设提供参考与借鉴。

《智慧高速公路指挥调度系统建设与运营》分上下篇，分别为指挥调度理论篇和指挥调度实践篇。理论篇对指挥调度平台进行了概述，介绍了平台业务需求和设计架构，描述了指挥调度平台各系统的业务流程、功能等内容；实践篇以江苏省高速公路现有指挥调度业务、系统为切入，介绍了江苏省高速公路联网营运管理中心与各联网成员单位指挥调度平台的相关内容。

《智慧高速公路公众服务平台建设与运营》分上下篇，分别为公众服务平台理论篇和实践篇。理论篇介绍了公众服务平台相关的基本概念，分析了公众服务平台的特点、建设模式、国内外发展现状、分类、体系结构和绩效评估方法，阐述了公众服务平台涉及的通信传输、服务器端等多项关键技术；实践篇通过案例分析，进一步阐述了科技服务、企业、政府、科研机构四类公众服务平台，并重点介绍了针对江苏高速公路公众服务业务需求进行设计的江苏省高速公路公众服务平台的相关内容。

《智慧高速公路运行维护管理系统建设》分上下篇，分别为运行维护管理理论篇和实践篇。理论篇介绍IT服务管理、ITIL等相关理论内容；实践篇结合高速公路营运管理信息系统的独有特点，分析智慧高速公路运行维护管理系统特征和IT服务管理需求，探讨面向高速公路运营行业的IT服务管理方法，介绍了江苏省高速公路智能化信息平台的运维系统建设方案及相关内容。

在丛书的撰写和出版过程中，得到了众多行业领导、专家、老师们的关心与支持，在此表示衷心的感谢！衷心感谢交通运输部周伟总工程师、赵冲久总工程师，科技司庞松司长、洪晓枫副司长、邹力副巡视员，交通部西部交通建设科技项目管理中心杨新征副主任等领导一直以来对丛书的关心与支持。十分感谢交通运输部路网监测与应急处置中心李作敏主任、李爱民副主任，交通运输部科学研究院王晓曼书记，中国交通通信信息中心岑晏青副主任，交通运输部公路科学研究院总工程师王笑京和ITS中心李斌主任对丛书提出的宝贵意见。非常感谢江苏省人大常委会副主任、党组副书记史和平，江苏省交通运输厅游庆仲厅长、金凌副厅长、厅运输管理局蒋振雄局长、科技处王绍坤处长、陆毅副调研员，江苏省经济和信息化委员会信息化推进处赵卫强处长，对丛书写作与出版的支持和帮助。特别感谢江苏交通控股有限公司原董事长杨根林、总经理常青对丛书写作调研工作给予的大力支持。此外，感谢东南大学易红校长、刘京南副书记、王保平副校长、林萍华副校长、浦跃朴副校长、刘波副校长、郑家茂副校长、沈炯副校长、黄大卫副校长、党委宣传部毛惠西部长，东南大学土建交通学部王炜主任，交通学院秦霞书记以及过秀成教授在丛书写作和出版过程中给予的帮助。

在丛书的编写工作中，东南大学物联网交通应用研究中心的何赏璐、纪翔峰、杨彬彬、马春景、李梦甜、尹婷婷等研究生参与了《智慧高速公路理论与实践总论》分册的编写；张维、王浩森、李志伟、余东豪、丁婉婷等研究生参与了《智慧高速公路信息采集技术与应用》分册的编写；纪翔峰、展凤萍、杨彬彬、葛志鹏、余东豪等研究生参与了《智慧高速公路数据中心建设与运营》分册的编写；钟罡、李志伟、张雯靓等研究生参与了《智慧高速公路指挥调度系统建设与运营》分册的编写；纪翔峰、聂建强、钟罡、杨彬彬、徐凌慧、余东豪、丁婉婷、黄帅凤、张雯靓、陈信超等研究生参与了《智慧高速公路公众服务平台建设与运营》分册的编写；王翀、余东豪、丁婉婷等研究生参与了《智慧高速公路运营维护管理系统建设》分册的编写。借此向所有参与本丛书编写的工作人员表示衷心的感谢！

此外，本丛书参阅了大量国内外相关文献资料，书中未能一一列出，借此也向这些著作和文献资料的原作者们表示衷心的感谢！

目录

CONTENTS

上篇　理　论　篇

下篇　实　践　篇

SHANGPIAN
LILUN PIAN

上篇

理论篇

1 高速公路交通信息采集内容

本章节是对交通信息采集对象的一个概述，主要分析了交通流状态、交通环境、交通安全等信息和高速公路收费数据的采集目的和应用意义，并介绍了各类交通信息采集的常用方法，为智慧高速公路信息采集系统的研究和建立提供理论基础。

1.1 交通流状态

1.1.1 交通量

1.1.1.1 交通量采集目的

交通量调查是为了获得车和(或)人在街道或公路系统的选定点处运动情况的真实数据。交通量数据用一定时间内通过的车辆数表示，时间单位的长度根据调查目的和用途而定。

1)年交通量的用途

(1)确定某一地区的年出行量。

(2)预估从高速公路使用者处获得的年收益。

(3)计算交通事故率。

(4)预测年交通量发展趋势。

2)日平均交通量、年平均日交通量

(1)衡量当前对高速公路的需求。

(2)评价现况交通流量与高速公路通行能力是否适应。

(3)确定需要增加新设施或改善现有高速公路设施的地方。

(4)拟订高速公路改造计划。

3)小时交通量

(1)确定交通高峰的持续时间和高峰期交通量的大小。

(2)估算通行能力缺口。

(3)为制定交通管理措施提供依据。

(4)对高速公路进行几何设计或重新设计。

(5)由小时交通量可以得到交通密度(辆/km)。

4)短时流量

短时流量有5min、6min、10min或15min的短时流量，通常扩展为小时交通量。主要用于分析：

(1)最大流率。

(2)高峰小时内的流量变化。

(3)通行能力对交通流的限制。

(4)高峰交通量的特性。

1.1.1.2 交通量调查方法

1)调查方法

交通量调查方法主要有全自动观测、半自动观测和人工观测三种方法。其中，全自动观测是指利用交通量情况调查设备直接获得交通量分车型、分时段的数据；半自动观测是指利用观测设备或通过收费系统转换交通量，利用人工观测分车型；人工观测是指由交通量调查人员在高速公路上通过目测或者计数器观测交通量。由于高速公路不同于一般公路，具有车流量大、行车速度快、全封闭、全立交、严格控制出入等特点，因此交通量调查工作主要采用全自动观测和半自动观测方法，仅有少数地方的间隙式调查仍旧采用人工观测方法。

2）调查方式

高速公路交通量调查方式主要有连续式和间隙式两种形式。

（1）连续式交通量调查。

连续式交通量调查是指通过不间断的调查获取交通量数据的调查方式。目前，高速公路连续式的自动化调查点，多集中在经济发展水平较高的省（区、市）。相当多的地方甚至没有设置连续式观测站，无法全面、实时掌握整个高速公路的运行情况。

（2）间隙式交通量调查。

间隙式交通量调查是连续式交通量调查的辅助性调查方式，在我国的公路交通情况调查中使用较为普遍。现有的间隙式交通量调查每月观测不少于2次，一般进行2～3次。高速公路交通量间隙式调查的数据主要来源于人工观测、交通量调查设备、高速公路收费系统转换三种方式。

3）调查点分布

从站点在路段上的分布看，当前站点的布设主要位于高速公路城市出入口主线、高速公路相互交叉的枢纽式互通立交之间、大中城市之间等交通流容易发生变化的位置上。少部分省（区、市）能够利用高速公路收费站转换数据提供高速公路上主要出入口路段之间的交通量，只有极少站点分布比较密集的省（区、市）能够提供主要城市出入口、重要交叉路段、著名旅游景点的交通量。

交通流基本参数观测点均为连续式调查的设备观测点。为满足不同用户的需求，根据其功能可以划分为一类观测站和二类观测站。

一类观测站的定位是以反映路网、路线级的宏观交通流特征和道路运行特征为主，兼顾路段级的微观特征，即所采集的数据主要服务于宏观信息需求，兼顾微观信息需求；在物理布局上，以“满足指标精度，避免数据冗余”为原则，追求布局规模与布局效果的均衡协调，一般布设于具有代表性的路段上；在功能上，一类观测站的数据调查项目齐全，其布设位置应该均为路线中最有代表性的路段。因此一类观测站的调查数据可作为“数据标杆”供下一层次的观测站点使用。

二类观测站的定位是以反映路段微观交通流特征和道路运行状况为主，主要起到检测微观交通流特征和道路运行状况的作用，同时也可以对一类观测站形成数据补充；在物理布局上，以道路运行质量检测的系统反映时间为主要控制因素进行布局，布设密度较高；二类观测站在功能及数据调查项目上相对简单，调查项目只需满足实时的路网运行状况判别的要求即可，部分数据可由一类观测站点获得，主要突出低成本、高覆盖率的优势。

（1）布局原则。

①全面覆盖的原则。进行观测站点的布设时，应在保证一定精度的前提下做到对路网的全面覆盖，避免出现调查盲点，提高调查的空间覆盖率和数据代表性。

②实事求是、合理布局的原则。进行观测站点的布设时，应注意与国家高速公路路网布局相协调，与不同地区间路网形态与技术特征存在的差异相协调，根据地区及路网特点采取不同的布设对策，实事求是、合理地布设观测站点。

③规模适度的原则。在保证对路网全面覆盖的前提下，突出站点布设规模与布设效率的最优平衡，避免产生冗余站点，最大限度地减少动态交通数据采集体系的建设投入和后期运行投入。

④定量分析与定性分析相结合的原则。研究站点布设方法、确定布设方案时，应坚持以定量分析为主、定性分析为辅、定量与定性分析相结合的原则，保证布设方法与布设方案的科学性与合理性。定性分析应充分考虑大中城市出入口、重要经济节点、重要路网节点、重点旅游风景区、重点港站枢纽的影响，考虑未来路网形态变化的影响，提高布设方案的普遍适用性。

⑤地区间合理负担的原则。在布设观测站点时，应特别关注省际交通出行的规律和特征，做到国

家高速公路省际交界处均有观测站点覆盖。在确定具体布设方案时，应考虑地区间经济发展水平的差异，做到观测站点的合理分布与分担。

(2)站点布局的影响因素。

观测站点的布设就是为了全面反映高速公路的交通情况，从布局原则可以看出，站点布设的影响因素较多，主要体现在路网结构、路网密度、路网连通度、道路总里程及道路交通流量的稳定性等方面。

①路网结构。观测站布设一般着眼于现有的路网结构，但同时也应考虑未来路网规划的需要，因为路网规划需要根据实际情况不断调整，因此观测站的布设也应根据未来路网发展模式进行相应的规划。

②路网密度。路网密度是从路网建设规模方面反映路网的结构性能。一般来说，密度越大，说明该区域的重要程度也大，交通特性也越复杂，观测站的布设也越复杂。

③路网连通度。路网连通度是考虑网络节点的连通状况，一般来说连通度越大，路网越复杂，观测站的布设也相应复杂。

④道路总里程。道路总里程是区域内道路里程的总和。要得到整个路网的交通调查资料，必须对全路网进行观测。而每个观测站的控制里程一般应控制在 5 ~ 50km 范围内。因此，站点数量与路网总里程成正比。

⑤道路交通流量的稳定性。交通观测站的位置应设置在交通流比较稳定，特性可以代表路段区间的交通特性的地点。由于道路的新建将会改变路网结构从而影响到道路上交通流量的稳定性，因此布设时应考虑路网变化而影响道路数据稳定性的因素。

1.1.2 车速

1.1.2.1 车速采集目的

由于道路设计、交通规划、交通控制与管理、交通设计及道路质量评价均以车速作为最基本的资料，因此车速调查成为道路交通工程中最重要的调查项目之一。常见的调查有地点车速调查和区间车速(行程车速)调查。

1)地点车速调查的目的

(1)掌握某地点车速分布规律及速度变化趋势。

(2)用于交通事故分析。

(3)判断交通改善措施的成效。

(4)确定道路限制车速。

(5)设置交通标志的依据。

(6)作为局部地点如道路弯道、坡度、瓶颈等处的交通改善设计的依据。

(7)作为交通流理论研究中的重要参数。

2)区间车速调查的目的

(1)掌握道路交通现状，作为评价道路服务水平的主要指标。

(2)作为路线改善设计的依据。

(3)作为衡量道路上车辆运营经济性(时间和车辆耗油)的重要参数。

(4)作为交通规划中路网交通流量分配的重要依据。

(5)确定交通管理措施的重要依据。

(6)判断道路工程改善措施前后效果对比的重要指标。

(7)作为交通流理论研究中的重要参数。

1.1.2.2 地点车速采集

1)观测地点及调查时间选择

(1)观测地点的选择。

地点车速是表征汽车通过某个地点的瞬间速度。因此，观测地点应选择在地形平直、间距较大而又无干扰的路段，一般是无进出口匝道影响的路段，也就是对车速观测者没有多大影响的路段。

对于某些拟测的特定地点，如交通事故频发地点、拟限制行车速度地段、准备设置交通信号与交通标志地点的车速调查，可不受上述限制而于该处设站观测。对交通运营有重要影响而进行前后车速对比调查的地段和固定观测收集基本数据的地段，均应选择有代表性的地点进行观测。为了观测正常车速，减少观测者与观测设备对行驶车速产生的影响，车速调查地点应选在较隐蔽处，尽可能不被行近车辆的驾驶员发觉，避免行人围观与干扰，使观测记录能反映真实情况。

总之，观测地点的选择应服从于观测的目的，以取得实际正常车速为目标。

(2)调查时间的选择。

通常，地点车速的调查应选择天气良好、交通和道路状况正常的日期进行，对于严寒、酷暑、大风雪等恶劣天气不宜进行观测。当有特殊需要时，才观测此特殊条件下的车速。

调查时间决定于调查的目的和用途，调查车速限制、收集基础资料等一般性的调查，应选择非交通高峰时段，国外常选用下列三个时段中的一个小时：

① 09：00～17：30；

② 14：30～16：00；

③ 19：00～21：00。

究竟选择哪一个小时去调查，要视具体情况而定，应以反映正常情况、有充分代表性为原则。如作长期观测或对比调查，应尽可能使先后调查的交通状况保持大致相似的条件为宜。

2)样本大小

通常任一样本中，至少应测定50辆(最好为100辆以上)汽车的速度。交通量较低(高峰小时少于200辆或更少)时，观测员有可能测得其中90%或更多车辆的车速。交通量较大时，就不可能将每辆车的速度都测量下来，因而需要选择，即进行抽样。为了不致产生偏见，观测人员应从车流中进行随机取样。为减少偏见，应避免如下所述的一些常见错误做法：

(1)总是选择车队中的第一辆汽车。

由于跟随的车辆速度至少同带头的车辆一样，甚至可能快些，但为头车所压，后车只好跟进，总是测头车就会使所得车速偏低，故应选单辆车或车队中不同位置上的车辆。

(2)选择某一车种的比例过大。

某一车种的速度，不能代表样本的其余车辆，应调查实际存在于车流中的各车种的比例，并按此比例选择样本进行测定，争取反映实际状况。

(3)选取高速行驶车辆比例大。

未经训练或初次参与此项工作的观测者，常常会无视正常速度的车辆，而去寻找个别高速行驶的车辆，或测定所有较高速度的车辆，这样就会使观测结果高于实际车速，从而使观测资料失真。

3)常用采集方法

地点车速可采用人工量测和自动量测的方法来收集。这些方法的选择取决于可得到的仪器设备、人员和费用等。在人工量测方法中，单独车辆的地点车速是采用车辆经过一定长度路段的时间来测定的，只需要一些简单的设备，但误差较大，精度不高。在自动量测方法中，需要一定的仪器设备，但误差小、精度高，根据测量装置的不同可以分为：道路检测器法、雷达速度计法、光电管测量法、摄影量测法。

1.1.2.3 区间车速采集

行驶速度是指车辆行驶在某一区间时的运行车速，它等于区间距离除以在该区间运行所需要的时间(不包括停车时间)。

区间车速指的是车辆行驶在某一区间时根据道路交通状况而确定的综合车速，是用区间距离除以车辆行驶在该区间的总时间(包括停车时间)求得的。区间车速与行驶车速的区别在于停车时间，两者调查方法一样，只是前者需计入停车时间。

行驶车速和区间车速两者都是研究整条路线的畅通程度与发生延误的原因，或者分析整条道路通行能力的重要资料。若道路交通条件允许各个车辆自由选择行车速度时，则区间车速接近行驶车速。但是，由于路上有交叉口、停车和公交车辆停靠站的影响，所以区间车速与行驶车速一般总是相差较大。

行驶车速和区间车速都是通过量测通过已知长度道路的行驶时间或行程时间来获得。通常要求拟调查路线的长度大于1.5km。观测时间取决于调查目的，可选在高峰时段，也可选在非高峰时段。我国在公路上进行车速调查，选用路段长度为30km左右。

1.1.3 车流密度

1.1.3.1 车流密度调查的目的

交通密度是指在单位长度车道上，某一瞬时所存在的车辆数，一般用“辆/(km·车道)”表示。

交通密度调查是指对某一路段进行观测统计，为获得该路段在单位长度车道上某一瞬时所存在的车辆数而进行的交通调查。它是交通调查的重要组成部分。它对了解、研究交通状况具有十分重要的意义，主要表现在：

(1)为研究交通理论和制定交通控制措施提供重要的基础数据。

车流密度是描述交通流的主要参数之一，调查车流密度可对交通流的三大参数的函数关系进行研究，掌握交通运行规律，以便预测未来交通运营发展情况，制定交通控制措施，并可用于进行通行能力的研究。

(2)是划分服务水平的依据。

车流密度是反映道路上车辆拥挤程度最直观的指标，直接反映了道路上车辆的密集程度。因此，了解道路的车流密度，可对道路交通状况做出评价，为改善道路的各种设施提供参考。

(3)可以反映道路交通堵塞状况。

车流密度指标用于表示道路空间上车辆的密集程度，而交通量用于表示车辆通过道路断面的频繁程度。当道路上交通严重拥挤、车辆运行处于停滞状态时，交通流量与车辆运行速度等于零，这时用流量与速度两参数已无法描述交通状况，而用车流密度则可以表示出当时的交通状况。

1.1.3.2 车流密度调查的方法

1)车流密度计算方法

根据定义，密度基本上是在一段道路上测得的瞬时值，它不仅随时间的变化而变动，也随测定区间的长度而变化。为此，常将瞬时密度用某总计时间的平均值表示。此外，必须选择适当的区间长度，因为它与总计的时间有关。在选定的区间长度内，视不同的需要按不同的方向或不同的车道取值。

在实际应用中，往往还采用较易测量的道路占用率和车头间距来间接表征交通密度。

(1)道路占用率。

车辆的道路占用率越高，车流密度越大。它包括空间占用率和时间占用率。

①空间占用率。空间占用率是指在单位长度车道上，汽车投影面积总和占车道面积的百分率。在实际测定中，一般用汽车所占的总长度与车道长度的百分比表示，见式(1-1)。

$$R_s = \frac{1}{L}\sum_{i=1}^{n} l_i \tag{1-1}$$

式中：R_s——空间占用率；

L——观测路段总长度(m)；

l_i——第 i 辆车的长度(m)；

n——观测路段内的车辆数。

车辆的空间占用率不仅与交通量有关，还与车辆的大小及空间评价车速有关。道路的空间占用率与密度的差别在于密度不能直接反映车队的长度，而车辆的空间占用率则在测定时，就已预见到车队的长度。

②时间占用率。时间占用率是指在单位测定时间内，车辆通过某一断面的累计时间占测定时间的百分率，见式(1-2)。

$$R_t = \frac{1}{T}\sum_{i=1}^{n} t_i \tag{1-2}$$

式中：R_t——时间占用率；

T——单位测定时间；

t_i——第 i 辆车通过观测断面所占的时间；

n——测定时间内通过观测断面的车辆数。

车辆的时间占用率不仅与交通量有关，还与车辆的长短及地点车速有关。车辆的时间占用率与密度的差别在于密度是在一个区间段内测定的，而道路的时间占用率是在一点测得的，交通量也在一点测得，两者之间可建立直接的联系。

(2)平均车头间距。

车头间距是指同一车道上行驶的车辆中，连续行驶的两辆车车头与车头之间的距离。若将观测路段上所有的车头间距加以平均，即为平均车头间距。车流密度可通过平均车头间距计算求得，其表达式如下：

$$K = \frac{1000}{\bar{h}_s} \tag{1-3}$$

式中：K——车流密度(辆/km)；

$\bar{h}_s$——平均车头间距(m)。

2)车流密度调查方法

(1)出入流量法。

出入流量法是一种测定无分流的公路段上两断面之间现有车辆数，以便计算该路段车流密度的方法。特别是高速公路的相邻两互通立交之间的路段，由于中途无车辆出入，采用这种方法调查的准确性较高。观测路段长度取1km左右为宜，路段长度太短时，则不宜采用此法。

现讨论图1-1中 AB 区间的密度。

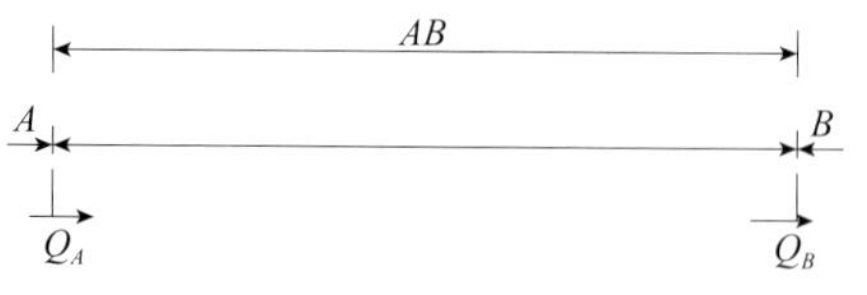

图1-1　AB区间的密度

在某一时刻上游地点 A 处的交通量是同一时刻 AB 区间内新增加的车辆数；反之，这时在下游地点 B 处的交通量等于从 AB 区间内减少的车辆数，AB 区间内车辆数的变化值应等于入量与出量之差。因此，只要知道最初 AB 区间的原始车辆数，就能求得每单位时间内实有车辆数。则在 t 时刻的密度可用下式表示：

$$E_{(t)} = Q_{A(t)} + E_{(t_0)} - Q_{B(t)} \tag{1-4}$$

式中：$E_{(t)}$——在 t 时刻 AB 区间内的车辆数；

$Q_{A(t)}$——从观测开始到 t 时刻通过 A 处的累加交通量；

$E_{(t_0)}$——在观测开始的 t_0 时刻，AB 区间内的原始车辆数；

$Q_{B(t)}$——从观测开始到 t 时刻通过 B 处的累加交通量。

(2)摄影法。

摄影法是指对观测路段进行连续照相，然后在所拍摄到的照片上直接点数车辆数的方法。由于拍摄胶片的清晰度受气候情况影响较大，调查时应注意选择晴朗的天气。摄影法又分为地面上(高处)摄影法和航空摄影法。地面上(高处)摄影法受一定的地理条件的限制，航空摄影法费用较高。这里着重介绍地面上(高处)摄影法。

①测定方法。

通常是用16mm的动态摄像机在高处进行摄影，摄像机应置于观测路段的附近，并且摄影范围能够包括整个观测路段。测定路段长度依路段内的状况和周围地区条件而变化，一般取50～100m，若超过100m，测定精度将会受到影响。为此，当测定长路段上的交通现象(也包括交通密度在内)时，需要多个摄像机同时进行观测。

摄影的时间间隔依测定路段长度而异。当区间长为50～100m时，可每隔5～10s用一个画面。遇有要求详细分析交通流的场合，一般是交通量观测和交通密度观测同时进行。为了取得正确的交通量数值，应缩短摄影间隔(摄像机的送片速度)。这时摄影间隔一般可取每秒1个画面的速度；在高速公路上，由于车速高，可取每秒2个画面的速度。

测定交通密度时，在道路上要标记每台摄像机所摄范围的道路路段长度。一般有两处做标记即可。如果容许精度稍低，也可不必在路面上画记号，可利用车道分隔线的段数、护栏支柱数等参照物代替。

②交通密度计算与分析。

设摄影的间隔时间为Δt，总观测时间为T，则录像带的画面张数为$n=T/\Delta t$。观测人员应在录像带的每一画面中，读取摄影观测路段长度范围和清点出在此范围内存在的车辆数K_i。将所有K_i集中在总观测时间T内，用平均路段长来计算平均存在车辆数，然后再换算成每车道每千米存在的车辆数，即交通密度K，并用下式表示：

$$K=\frac{\sum_{i=1}^{n}K_i}{n}\times\frac{1}{L} \tag{1-5}$$

式中：K——在T时间内路段L上的平均交通密度(veh/km)；

K_i——第i个画面上测定区间(路段)内由清点得到的车辆数(veh)；

n——在总观测时间T内，供读取车辆数用的画面数；

L——观测区间(路段)长度(km)。

如前所述，总计观测时间如果在5min以上，交通流的偶然性变化或周期性变化就能被消除。利用这种方法，可以很方便地看出交通密度随时间的变化情况。同时，又因为它包含短时间的变化，也可以描绘出密度的倾向性变化。

1.2 交通环境

1.2.1 道路基础信息

道路是汽车交通的基础、支撑物。道路必须符合其服务对象的交通特性，满足它们的交通需求。道路服务性能的好坏体现在量、质、形三个方面，即道路建设数量是否充足，道路结构和质量能否保证安全快速行车，路网布局、道路线形是否合理。另外，还有附属设施、管理水平是否配套等。

1)路网密度

要完成一定的客、货运输任务，必须有足够的道路设施。路网密度是衡量道路设施数量的一个基本指标。一个区域的路网密度等于该区域内道路总长与该区域的总面积之比。一般地讲，路网密度越高，路网总的容量、服务能力越大。但路网的密度也不是越大越好，道路网密度的大小应与一定的经济发展水平相当，与所在区域内的交通需求相适应，应使道路建设的经济性和服务水平以及道路系统的社会效益、经济效益、环境效益得到兼顾和平衡，既要适当超前，也要节约投资。在我国《城市道路交通规划设计规范》(GB 50220—1995)中，给出了不同规模城市道路网密度等规划指标，可供实际应用时参考。

2)道路结构

道路结构基本部分是路基、路面、桥涵，另外还有边沟、挡墙、盲沟、护坡、护栏等，亦属其组成部分。

3)道路线形

道路线形是指一条道路在平、纵、横三维空间中的几何形状，传统上分为平面线形、纵断面线形、横断面线形。线形设计的要求是通畅、安全、美观。随着交通需求的增大和道路等级的提高，人们对道路线形的协调性、顺适性的要求也越来越高，更加强调平、纵、横线形一体化，即立体线形的设计。

4)道路网布局

道路的规划、设计不能仅仅局限于一个点、一条线，而应从整个路网系统着眼。路网布局的好坏对整个运输系统的效率有很大影响，良好的路网布局可以大大提高运输系统的效率，增加路网的可达性，节约大量的投资，节省运输时间和运输费用，取得良好的经济效益、社会效益与环境效益。

对于不同的区域、不同的城市，不存在统一的路网布局模式。路网布局必须根据所在区域的自然、社会、经济情况等选取。

典型的公路网布局有放射形、三角形、并列形、树杈形等。这些布局形式的特点、性能如表1-1所示。

典型公路网布局形式及其特点与性能　　表1-1

图　式	特点和性能
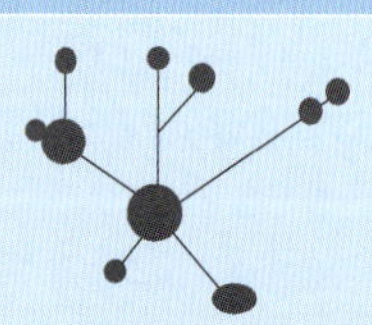 放射形路网	放射形路网一般用于中心城市与外围郊区、周围城镇间的交通联系，能够发挥大城市的经济、政治、科技、文化中心作用，促进中心城市对周围地区的辐射和影响；不足之处是周围城镇之间联系不便
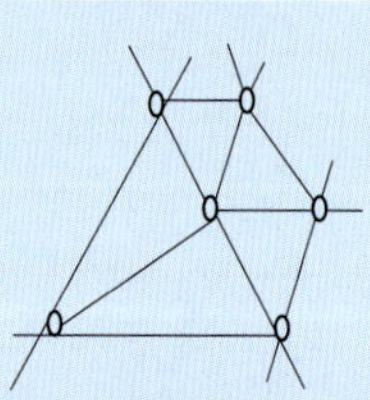 三角形路网	三角形路网一般用于规模相当的重要城镇间的直达交通联系。这种布局形式通达性好，运输效率高，但建设量大
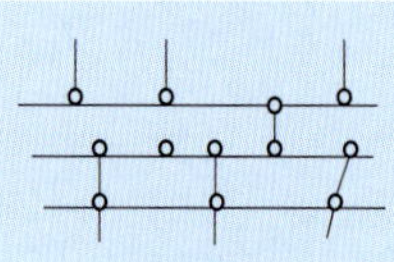 并列形路网	平行的几条干线分别联系着一系列城镇，而处于两条线上的城镇之间缺少便捷道路连接，是一种不完善的路网布局
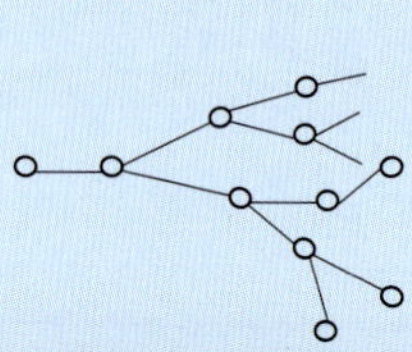 树杈形路网	树杈形路网一般是公路网中的最后一级，是从干线公路上分叉出去的支线公路，作用是将乡镇、自然村寨与市、县政府联结起来

1.2.2 气象信息

1.2.2.1 气象信息采集目的

气象条件对交通的影响是多方面的，主要表现为天气条件的变化对车辆本身、路面状况、驾驶员在行车过程中的判断和反映能力以及驾乘人员乘车环境等方面的影响。不同的气象要素和条件，对交通的影响方面和程度有所不同。这些影响在很大程度上决定了城市道路的行车条件和交通安全状况。对道路交通产生影响的常见气象条件主要有降水、气温、风、能见度等。

1) 降水对交通的影响

降水对交通的影响主要表现在两个方面，一是在降水天气过程当中，由于降水天气使路况、道路前方能见度发生了显著变化，从而对城市交通产生不利影响；二是降水天气过后，降水产生的存留物对路况和交通造成的持续不良影响。

降水天气对交通的影响与降水的性质、强度以及降水量的大小有密切关系，表 1-2 给出了不同强度及性质的降水对交通的影响。

不同强度、性质降水对交通的影响　　表 1-2

降水	路 面 情 况	对交通的影响
小雨	潮湿或有少量积水	路面摩擦系数稍有下降，但对交通影响不大
中雨	有明显积水	路面摩擦系数下降，车轮打滑，紧急制动失阻
大雨	有大量积水	路面摩擦系数明显下降，车轮打滑，紧急制动失阻
暴雨	低洼处积水漫上路边，淹没低矮路标路障	车行十分缓慢，低洼复杂路段交通受阻
小雪	路面积雪随风飘，背风洼处有少量积雪	路况稍差，驾驶员需注意，但对交通影响不大
中雪	积雪覆盖路面	影响行车和紧急制动
大雪	路面积雪	需限速慢行
暴雪	路面积雪	需限速慢行
雨夹雪	冰水混合物，气温下降后可形成冰面	行车困难，紧急制动失阻，行车失控

2) 气温对交通的影响

单纯的气温变化对交通的影响主要表现在高温和低温条件下，对车辆自身的发动机等部件运行状态的影响以及对长时间在车内的驾乘人员身体状况的影响。当气温达到 35℃ 以上时，汽车水箱易开锅，发动机过热或难以发动；长时间行驶易造成爆胎并引发交通事故；没有空调设备并且通风条件差的车辆，车内舒适度极差。寒冷季节气温下降到 0℃ 以下时，应根据温度变化使用抗低温、抗凝固性好的汽油和润滑油；当气温低于零下 10℃ 时，水箱应及时添加防冻液；当气温低于零下 25℃ 时，车辆长时间停放在室外会导致发动机发动困难。

另外，异常的气温对路面摩擦系数也有一定的影响。如果气温超过 30℃，晴天时市内水泥和沥青路面的温度可达到 40℃ 以上，沥青路面变得软、黏，摩擦系数增大，影响行车速度，增加耗油量；气温低于零下 10℃ 时，路面发滑，驾驶员驾车需适当注意。当气温在 0℃ 附近时，路面易结霜，使摩擦系数减小；有降水天气时，路面冰水混杂，结冰情况不易判断，驾驶员驾车时易发生交通事故。

3) 风对交通的影响

在城市内，由于车辆行驶速度较低以及高大建筑物对风的阻挡和衰减作用，风对城市交通的影响要比高速公路小得多。一般情况下，风力为 4 级或以下时对城市交通和车辆正常行驶基本上没有影响，风力为 5 ~ 6 级时有一定影响，风力在 7 级及以上时，可产生比较明显的影响。大风天气对高速行驶的高架货车和大型客车的影响更为显著。当车辆迎风行驶时，车身易发生摆动；当风从车辆侧面刮来时，转弯时转向盘不易控制，高速行驶的高架货车和大型客车车身发生倾斜，严重时甚至发生车辆倾覆事件。

4）能见度对交通的影响

能见度是影响交通的一项重要因子，但是，只是在能见度距离下降到一定程度以后，才开始对交通产生影响。比如，当能见度距离为5～10km时，虽然气象能见度条件较差，但对市内交通却基本没有影响；只有当能见度距离下降到2km以下时，才开始对市内正常行驶的车辆产生影响。值得注意的是，气象能见度距离的概念和测定方法与驾驶员驾车时的前方路面可视距离有很大差别。气象能见度距离是指能够从天空背景中看到和辨认大小适当的黑色目标物的最大水平距离，而“能见”的标准是能辨别目标物的轮廓和形态。由于驾驶员驾车时需要清楚地分辨前方路面上不同颜色和大小的物体、车辆、行人、路障、指示标志等，并判断其运动状态和应采取的措施，这一要求明显高于气象能见度观测的视物清晰度标准。实际上，在驾驶员视野范围内，气象观测的能见度距离是驾驶员行车时可视距离的3～5倍。因此，当能见度距离为3km时，驾驶员行车时的可视距离为600～800m，不良能见度对驾驶员的视野产生一定影响，但对市内交通和车辆正常行驶影响不大；当能见度距离为1000m时，驾驶员行车时的可视距离仅为200～300m，对行车速度有较明显的影响；当能见度距离为200m时，驾驶员行车时的可视距离为50～70m，驾驶员必须低速慢行，谨慎驾驶。产生不良能见度的天气现象有很多。能见度距离不同时，对交通的影响也不同，见表1-3。

产生不良能见度的天气及其对交通的影响　　表1-3

能见度距离(m)	可能的天气现象	对交通的影响
2000～5000	小雪、中雨、轻雾、吹雪、扬沙、浮尘、烟幕	对市内交通影响不大
1000～2000	小雪、中雨、轻雾、吹雪、扬沙、浮尘、烟幕	对交通有一定影响，不利于车辆高速行驶
500～1000	雾、中雪、大雨、暴雨、雪暴、沙尘暴、烟幕	对交通有显著影响，车辆需减速行驶，驾驶员要注意观察前方路况
200～500	大雾、大雪、暴雨、雪暴、沙尘暴、烟幕	对交通有显著影响，各种车辆需限速行驶
50～200	浓雾、大雪、暴雨、雪暴、沙尘暴	对交通有严重影响，尽量减少车辆出行，驾驶员应低速行车、谨慎驾驶
<50	浓雾、大暴雨、雪暴、沙尘暴	难以分辨路况，车辆行驶困难，交通严重阻塞甚至陷于瘫痪

1.2.2.2 气象信息采集方法

1）能见度测量方法

能见度的探测方法有两种：目测法和器测法。

（1）目测法。

能见度的目测方法是一种古老而又传统的方法，且一直沿用至今。能见度目测法就是由人眼从背景中分辨目标物最远距离的观测方法。人眼在观察极限能见距离附近的目标物时，起着决定作用的是亮度差异。

为反映目标物与背景的亮度差异，可用目标物在背景中的光亮度对比C表示：

$$C=\left|\frac{L_0-L_b}{L_b}\right| \tag{1-6}$$

式中：L_0——目标物亮度；

L_b——背景亮度；

C——目标物与背景亮度差异的相对比值，当目标物是绝对黑体，有鲜明的景象时，则 $C=1$；当目标物与背景亮度相同，目标物将不被察觉时，则 $C=0$。

由于人眼观测有一定的盲区，当 C 逐渐减小到不能从背景中分辨目标物时，则此时的值称之为对比感阈，用 ε 表示。$C=\varepsilon$ 是目标物由能见转化为不能见的临界值；当 $C>\varepsilon$ 时，物体可辨；当 $C<\varepsilon$ 时，物体不可辨。

实际上，当透过一段大气去观测目标物时，人眼看到的是视亮度。大气对视亮度的影响有两个方面：大气的削弱作用使固有亮度减小和大气对光的散射作用。

根据式(1-6)，设距观测者 R 的目标物和背景物的视亮度分别为 L_0^* 和 L_b^*，则相应的视亮度对比为：

$$C^* = |L_0^* - L_b^*| = CY \tag{1-7}$$

式(1-7)中的 Y 为对比度传输系数，它反映固有对比在大气中传输时的变化，目的在于把目标物的固有特性与大气的影响区分开来，以便专门讨论大气对能见度的影响，测出反映大气特性的能见距离。

能见度目测法在白天采用目标能见距离(即晴空水平能见度)，在夜间采用灯光能见距离。

①晴空水平能见度。

晴空水平能见度是指视力正常的人在当时气象条件下，能够从天空背景中看到和辨认出目标物(黑色，大小适中)的最大水平距离。其严格定义是视场角为0.5°～5°的地面黑色目标物，在天空无云背景条件下，观测者能极其勉强辨认出该目标物的距离。根据 Koschmieder 能见度公式，气象能见距 R_m 和大气透明度(消光系数)σ 具有下述关系：

$$R_m = \frac{1}{\sigma}\ln\frac{1}{\varepsilon} \tag{1-8}$$

若假设：

a. 沿水平光路 σ 为常数；

b. 沿水平光路的散射光亮度为常数；

c. 以天空为背景，黑体目标物足够大，即取 $C=1$；

d. 观测员视力正常，取 $\varepsilon=0.02$。

则可简化为：

$$R_m = \frac{3.912}{\sigma} \tag{1-9}$$

由上述讨论可知，影响能见度的因子除了人的主观因素外，主要考虑了与目标物和背景的物理特性(亮度差异)、大气特性有关的因素，此外，波长 λ 也是应考虑的因子之一。人眼对波长 λ 的敏感性并不一致，其中对绿光($\lambda=0.55\mu m$)最为敏感。不同波长的光对大气的穿透性也有所不同，一般波长越长，穿透性越强。式(1-9)的波长订正公式可表示为：

$$R_m = \frac{3.912}{\sigma}\left(\frac{\lambda}{0.55}\right)^q \tag{1-10}$$

式中：q——与 R_m 有关的波长修正因子。

当 $R_m<6km$ 时，$q=0.585$，当 R_m 为中等能见度时，$q=1.3$；当能见度好时，$q=1.6$。

在航空部门，从空中向下观测时背景是下垫面而不是天空，为保证飞行安全，因飞机高速运动，一般选用较高的对比感阈值 $\varepsilon=0.05$，则适用于航空的能见距与大气消光系统之间的关系可表示为：

$$R_m = \frac{2.996}{\sigma} \tag{1-11}$$

在高速公路交通中，目前还没有研究适用于驾驶员的能见度表达式。根据我们对式(1-11)的讨论，认为有下列因素需要考虑：

a. 表达式应能反映驾驶员的安全视距；

b. 根据不同环境条件下，最大安全行车速度确定对比感阈值 ε；

c. 从交通安全角度，应优先考虑低能见度的测量精度，暂取 $q=0.585$。

据此可给出交通安全视距与大气消光系数 σ 之间的关系：

$$R_r=\frac{3.912}{\sigma}\left(\frac{\lambda}{0.55}\right)^{0.585} \tag{1-12}$$

根据式(1-12)估算的 R_r 可作为高速公路交通的安全视距，最终根据外场多种测量方法比对实测值确定本系统的 R_r 的计算方法。

②夜间灯光能见度。

夜间灯光能见度是指能看到和确定出一定强度灯光的最大水平距离。灯光是夜间的目标，一般用到达观测者眼睛的照度来衡量。灯光的视角一般很小，可以看成点光源。发光强度为 $I(W)$ 的点光源在距离 R 处的照度 E 可表示为：

$$E=\frac{1}{4\pi R^2}e^{-\sigma R} \tag{1-13}$$

E 同样有视觉阈值问题。设在黑暗中正常视觉的灯光照度阈值为 E_ε，并且与下列因素有关：

a. 当观测者由光亮进入黑暗环境时，E_ε 很大，10～15min 后 E_ε 才能恢复正常；

b. 当视野中有其他光源时，E_ε 值增大；

c. E_ε 值与灯光周围的背景亮度有关，背景亮度强则 E_ε 值大。

由于影响 E_ε 的因子很多，其值变化范围也很大，从 $10^{-9}\sim5\times10^{-5}$lx(勒克斯)。一般认为，在黄昏和拂晓时为 10^{-6}lx，月夜为 10^{-7}lx，黑夜为 10^{-8}lx。将 E_ε 代入式(1-13)得：

$$R_t=\frac{1}{\sigma}\left[\ln\frac{1}{E_\varepsilon}-\ln(4\pi R_t^2)\right] \tag{1-14}$$

式中：R_t——灯光能见距；

E_ε——与灯光色彩有关，对于人眼而言，黄光的 E_ε 最大，红光的 E_ε 最小，而车灯主要由白、黄组成，因此，根据式(1-14)计算 R_t 时应取黄色阈值 $E_{\varepsilon y}$，式(1-14)可改写为：

$$R_y=\frac{1}{\sigma}\left[\ln\frac{1}{E_{\varepsilon y}}-\ln(4\pi R_y^2)\right] \tag{1-15}$$

式中：R_y——黄色灯光能见距。

由此可见，根据式(1-15)算出的灯光能见距可确保有效辨别感应最弱的黄色信号，故 R_y 可视为高速公路交通的安全灯光视距。最终测量值根据外场试验统计确定。

(2)器测法。

根据 Koschmieder 定律，对以水平天空为背景的黑体目标物，目标物和背景视亮度对比可以表示为：

$$\varepsilon=e^{-r\sigma} \tag{1-16}$$

变换后：

$$r=\frac{-\ln\varepsilon}{\sigma} \tag{1-17}$$

式中：r——目标物和观测者之间的距离；

ε——视觉对比阈值；

σ——大气水平消光系数。

世界气象组织规定，对于气象能见度 V，取视觉阈值 $\varepsilon=0.02$，相当于目标物消失时的距离。从而得到由大气消光系数 σ 计算气象能见度 $V_{0.02}$ 的器测公式(1-18)：

$$V_{0.02}=\frac{-\ln0.02}{\sigma}=\frac{3.912}{\sigma} \tag{1-18}$$

取视觉阈值 $\varepsilon=0.05$，相当于气象光学视距(MOR)，从而得到由大气消光系数 σ 计算气象光学视

程 $V_{0.05}$ 的器测公式：

$$V_{0.05}=\frac{-\ln 0.05}{\sigma}=\frac{2.996}{\sigma} \tag{1-19}$$

式(1-18)、式(1-19)即为用仪器测量能见度的基本公式。

公式表明，器测能见度的核心问题是如何准确探测大气的消光系数 σ。即要想得到能见度就必须先得到大气消光系数 σ，因为 σ 是一个与人的视觉无关的量，从而找到了用仪器观测能见度的突破口，建立了能见度的仪器观测与人工观测之间的关系。

2）高速公路气象环境监测站

高速公路气象环境监测站（NTMS）由检测、监控等数十种传感器和显示、告警等若干设备构成，主要功能是采集高速公路的实时动态交通信息，具体包括道路状况、气象环境、交通状态等数十种数据，同时，还具有外环境告警和内环境测控功能。

NTMS 是一个集路况与气象要素采集、数据处理、警示信息发布、内环境及运行状态测控、设备安全告警、主控处理等功能于一体的集成系统。具体包括：

（1）信息采集功能。通过气象传感器、路况传感器、车辆检测器、视频摄像头等各种传感器或智能采集单元，测量一定范围或多个区间内的气象要素、道路路况、交通流和监视信息，完成各类测量数据和视频信息的信号变换与信息采集。

（2）数据处理功能。对各类传感器或信息采集器的测量数据进行相关的定标计算和订正处理并进行数据分类。

（3）警示发布功能。对路况气象要素和交通状况进行危险性指标检测和分析，当达到危险天气和异常交通现象报警阈值时自动启动报警功能，向可变限速标志、可变情报板和相应的警示信息显示设备发布警示信息。

（4）状态测控功能。对监测站的内环境温度、供电状态及通信状态、采集器的稳定性等进行实时跟踪监测，当出现不正常现象时，自行启动应急预案，并向监控中心报告运行状态。

（5）安全告警功能。是长期放置野外工作的设备，人为和非人为破坏的因素很多，当出现人为或非人为侵袭迹象时，系统将自动通过声音、闪光等形式向入侵者发出告警信息，并同时向监控中心发送求助报告。

（6）主控处理功能。主控处理功能是核心，负责对各采集单元或传感器、通信信道进行参数设置和管理，根据运行流程分配工作任务，下达执行指令，根据应急预案启动告警功能执行监控中心的指令任务。

1.3 交通安全

1.3.1 交通事件概述

1.3.1.1 交通事件的定义

高速公路交通事件是指在一切干扰高速公路交通流正常运行，在某一时期导致或将要导致高速公路交通状态发生改变的事件。高速公路交通事件分为常发性交通事件和偶发性、突发性交通事件。

常发性交通事件是由于高速公路道路条件及养护、施工等因素，造成的高速公路交通拥挤、堵塞等情况常发性交通事件，具有较显著的客观特征，因此，常发性交通事件的管理、控制和排除较容易。第一，常发性交通事件发生的时间和地点有一定规律性，便于有针对性的管理。第二，常发性交通事件的产生有一个逐渐过渡的过程，便于提前准备，采取措施，控制事件的发展。第三，常发性交通事件一般影响较低，不会造成恶劣影响和重大损失，是可防、可控、可以消除的。

1.3.1.2 交通事件的分类

高速公路上最常见、统计次数最多的突发性交通事件是交通事故，其他还包括因车辆故障停车引起的交通堵塞；危险货物散落引起的火灾、爆炸、环境污染；特殊路段隧道、桥梁构造物失效引起的路面垮塌、陷落；天气和自然灾害引起的路面损毁，交通中断以及其他各种影响正常交通运行，造成重大影响的事件。

据调查，高速公路紧急救援系统所处理的交通事件中有35%以上都是交通事故，其中，重特大交通事故约占3.87%。研究高速公路交通事故的一般规律，可为救援系统的建立提供依据，而且交通事故的历史统计资料比较容易获取，样本量大，具有典型性、代表性。此外，还有大量的交通事件是由于车辆故障抛锚，车辆本身的机械故障或油电气路的故障导致车辆抛锚，如燃油耗尽、车胎爆破、发动机故障等，这些车辆故障引起的交通事件约占交通事件总数的24.8%。另外，高速公路火灾事故约占5.20%，危险化学品事故约占4.71%，自然灾害事故约占0.26%，其他发生在高速公路上的各种社会安全事件约占29.66%。

交通事故是交通事件中最常见，同时也是造成人员伤亡、货物损失最严重的交通安全问题，还会诱发交通拥堵等一系列影响交通流状态的事件发生。因此，以下重点介绍交通事故的定义和调查方法。

1)交通事故的定义

目前国内外对交通事故的定义，没有一个统一的提法。交通事故的定义有广义及狭义之分，广义交通事故指车辆、船舶、飞机等交通工具在行驶时发生碰撞或与他人、他物发生冲撞，造成人员的伤亡或财物的毁损；而狭义的交通事故指道路上的车辆在行驶过程中因驾驶人的过失或无过失行为，导致车辆之间或与行人、物体等发生冲突，造成人员伤亡或财物毁损。

美国国家安全委员会对交通事故的定义是：交通事故是在道路上所发生的意外有害事件或危险事件。

日本对交通事故的定义是：由于车辆在交通中所引起的人员死伤或财物损坏。

我国对交通事故的定义为：凡车辆、人员在特定道路通行过程中，由于当事人违反交通法规或依法应该承担责任的行为而造成人、畜伤亡和车物损失的交通事件。从定义可以看出，交通事故有六项缺一不可的要素，即车辆、在道路上、在运动中、发生事态、发生事态的原因是人为的和有后果的。

2)交通事故的分类

根据人身伤亡或财产损失的程度和数额，交通事故分为轻微事故、一般事故、重大事故和特大事故。如表1-4所示。

交通事故分类　　表1-4

项　目	轻微事故	一般事故	重大事故	特大事故
死亡(人)			1~2	≥3
重伤(人)		1~2	3~10	>10
轻伤(人)	1~2	3~10	>10	
直接经济损失(元)	<200(机动车) <50(非机动车)	200~5000(机动车) ≥50(非机动车)	5000~10000	有重大政治影响的事故

注：死亡、重伤、轻伤、直接经济损失四项指标，达到其中之一即可定为相应类别的事故。

以上分类是根据交通事故的损害后果，在满足公安交通管理统计工作需要的基础上进行的分类。此外，根据不同的需要，从不同角度还有很多分类方法。如：按事故现象可分为撞车事故、翻车事故、撞人事故、失火事故等。

3)交通事故的成因

交通事故的成因可以分为主观和客观两个方面。主观原因是人的因素，其中主要包括驾驶人等交通参与者行为的因素；客观原因是车辆技术状况、道路状况及环境因素影响等因素。

(1)驾驶人的因素。交通事故的关键在于人，人包括驾驶人、骑车人、行人等。根据现有国内外的统计可知，80%～85%的事故是由人所造成。具体包括机动车驾驶人有违法行为，注意力不集中，疲劳驾驶，驾驶技术水平低；行人、骑自行车人不遵守交通法规。其中，影响机动车驾驶人行为的因素又可以分为生理因素和心理因素。心理因素包括性格、气质、情感、意志等方面。

(2)车辆的因素。根据调查统计可知，由于机动车自身的原因而导致的交通事故，其原因主要包括车辆制动和转向装置、车轮、灯光、喇叭、仪表等有故障以及漏油、漏气、漏水。其中，由于车辆制动和转向原因而发生的事故起数比较多。

(3)道路的因素。由于道路条件和交通条件诱发的交通事故占30%～40%。因此，对于道路因素也必须要引起足够的重视。道路条件可以分为几何特征、公路交叉形式、路面情况和交通设施四个方面来分别考虑。从道路几何设计来看，主要考虑道路的线形、视距、车道宽度、弯道超高、转弯半径、坡度等因素。路面情况主要考虑路面附着程度，它将直接影响车辆的制动稳定性和转向。交通设施包括道路护栏、交通标识、交通标线、照明等设备。完善、合理的交通设施对于减少交通事故，提高交通安全提供了保障。

(4)环境的因素。主要包括道路路面状况、交通标识、安全设施、噪声污染和大气气候等。其中，道路的设计车速是很重要的一个影响因素，这是判断事故成因的重要条件。同时，噪声和天气情况对交通安全也有着重要的影响，比如雨雪天、雾天等恶劣天气条件下，行车安全系数会随之下降。

4)交通事故现场调查

交通事故现场是指发生交通事故的地点及与事故有关范围的空间场所。现场调查可以概括为对交通事故现场的情况(当事人、车辆、道路和交通条件)用科学的方法进行时间、空间、心理和后果调查。

(1)时间调查：确定发生交通事故的时间坐标，是分析事故过程的一个重要参数。

(2)空间调查：调查各有关物体(包括车辆、散落物、印迹、尸体等)的相对位置，用以确定车辆相互运动的速度、路线和冲击点。

(3)心理(书证)调查：调查当事人的心理状态、身体与精神条件、交通条件(车、路、环境)对当事人的影响。

(4)后果调查：调查人员伤亡情况，致伤、致死部位和原因，车辆损坏和物资损失情况。

(5)生理心理调查：调查当事人的心理状态、身体与精神条件以及生理方面对造成事故的影响等。

(6)环境调查：调查车辆、道路、道路交通设施、道路安全防护设施和自然条件对事故的影响。

1.3.2 交通事件检测方法

事件检测系统自20世纪60年代发展起来以后，形成了各种各样的检测方法和技术，可以将其概括地分为人工检测技术和自动检测技术，如表1-5所示。

人工检测技术是最早的、最容易实施的，也是最常用的方法，在日常生活中用来向事件管理中心报告事件信息。人工检测技术包括市民报告、专职人员报告、闭路电视监视、航空监视等。从整体上看，人工检测技术的主要优点是方便、直接、经济、效率比较高；缺点是要求当时当地有目击者，事件地点比较难以准确确定，需要专门的人员对报告进行筛选确认，人员工作量和强度都比较大。

事件检测方法及其优缺点　　表 1-5

技术类型	检测方法		优点	缺点
人工检测技术	市民报告	移动电话	报警速度快、提供信息较多	误报率高、定位困难、需要电话处理人员
		路边紧急电话	公众易接受、提供信息较多	报警速度慢、管理维护困难
	专职人员报告	交警巡逻	提供检测、确认和响应功能	报警速度慢
		交通管理巡逻		
		固定观察员	适用于有特殊活动时	人员投入大、易受天气影响
		闭路电视(CCTV)	提供检测和确认功能	需要操作人员
		航空监视	覆盖范围广、具有确认功能	费用高、易受天气影响
自动检测技术	间接检测法	红外线、声学、超声波、感应线圈、微波雷达检测等	全自动、全程工作、检测率高、技术成熟、运营成本低	初期投入高、报警速度慢、数据传输与处理量大、数据的地区通用性不高、低交通量时效果不佳
	直接检测法	视频图像识别	报警速度快、不受交通量影响	费用高、易受天气影响

人工检测技术一般运行成本较高，受时间和天气影响较大，检测时间较长，检测率较低。因此，各国交通工程专家纷纷积极研究和开发运行成本低，能够全天候、全程地发挥作用，且检测率高的自动事件检测(Automatic Incident Detection，AID)技术。基于各种AID技术可以构成不同的AID系统，AID系统的核心都是根据实时采集的交通流数据信息，由算法自动判断是否有交通事件发生，并估计事件对交通流的影响。图1-2为AID系统的一种结构。

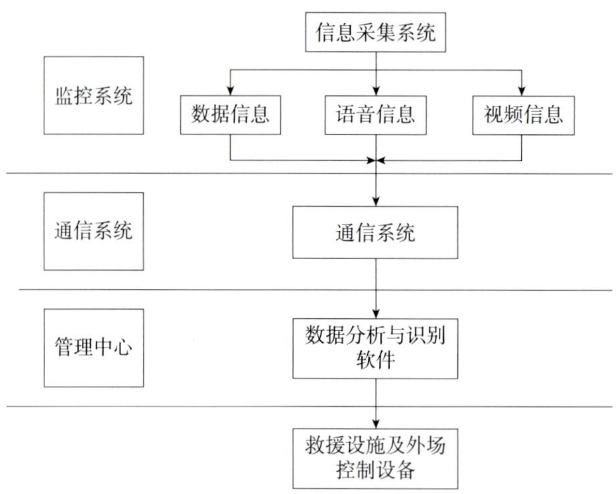

图1-2　自动事件检测系统结构

目前，国际上广泛研究的AID方法主要有两种：间接检测法和直接检测法。

间接检测法是通过埋在地下的地感线圈检测器采集到的交通参数进行分析来判断是否有事件发生，并估计事件对交通流的影响。交通参数包括：交通流量、占有率、排队长度、车型、平均车速等。检测用到的主要有车流量、车速和占有率，核心思想是根据事件对交通参数的影响来检测事件的存在。优点是由于目前环形线圈检测器的普遍存在，使得间接事件检测法在自动事件检测算法中占有主导地位。缺点是由于环形线圈安装和维修时需要对道路进行挖掘，阻断交通，费用高昂，最主要的是该方法无法对车辆跟踪和对事件进行分类，并且检测误报率高、检测时间长。

直接检测法是利用视频图像识别技术，目前在国内外正在成为研究热点，这类方法实际上是“看到”发生了交通事件而不是通过交通事件的影响来检测到它的存在。它是利用计算机视觉与数字图像处理技术，对设置在公路上的摄像头采集的视频图像，进行事件检测算法智能处理，自动采集各种交通参数，检测交通事件并及时报警。优点是基于视频的检测方法能够获得更多的交通流信息，并且能识别车辆类型、对车辆进行跟踪得到车辆运行轨迹，判断出事件的种类，而且平均检测时间远小于基于地感线圈的 AID 系统。缺点是该方法需要密集的安装摄像头，成本较高，且受天气影响较大。

1.4 高速公路收费信息

1.4.1 收费信息采集目的

我国的高速公路在日常收费的过程中存储了大量的、宝贵的基础电子信息资源，高速公路的这一特点决定了高速公路的统计工作可以利用现代化的技术手段与日常的管理工作相结合来进行，其统计工作的方式和手段与目前公路交通行业普遍应用的基于抽样调查的统计方式相比更为便捷。因此，在我国高速公路联网、计重收费全面展开的背景下，可以充分利用高速公路联网收费数据加强我国的公路统计工作。

通过挖掘高速公路联网收费数据，对交通流量、流速、流向、时空分布特征、运距和成本进行统计分析和预测，评价现有高速公路网的建设、管理、养护现状，便于各级交通主管部门以及高速公路运营单位或企业及时了解高速公路网的建设和运营管理情况，可为高速公路的规划、建设、养护与管理决策提供科学的依据。

1.4.2 联网收费系统介绍

高速公路联网收费系统由收费车道、收费站、路段收费分中心和管理中心构成，如图 1-3 所示，各部分职责如下。

1)收费车道

收费车道是联网收费系统的核心，具备很好的可靠性、强壮性、自适应性及安全性。车道接收来自上级(收费站)系统运行参数(免费车名单、费额表、黑名单、同步时钟、系统设置等)，将采集的车辆通行数据(入口车道原始交易、出口车道原始交易、收费视频监控数据、车道特殊事件和设备故障事件等)生成车道收费记录表，将收费数据存入本地数据库的同时，实时上传至收费站数据库，是最原始的收费数据采集单元。

2)收费站

收费站是联网收费数据采集系统的重要组成部分，建立与上级(路段收费分中心)、下级(收费车道)系统的通信连接，接收来自路段收费分中心的系统运行参数，将收费站所有车道收费记录数据表实时打包上传给路段收费分中心，并对收费数据和重要文件进行备份。

3)路段收费分中心

收费分中心建立与上级(管理中心)、下级(收费站)系统的通信连接，接收上级系统发送的系统运行参数信息，下发至下级系统，并接收下级系统上传的联网收费数据(原始收费数据和统计数据)，负责数据核对、检验与校正，完成联网收费数据完整性、一致性、安全性和可靠性的处理与确认，并将数据存储至路段分中心收费系统数据库。

4)管理中心

管理中心是省级交通主管部门，建立与清算银行的通信连接，制定联网收费系统运行参数，发送至下级(路段收费分中心)系统，并接收下级系统上传的联网收费数据(原始收费数据和统计收费数据)，负责数据核对、检验与校正，完成联网收费数据完整性、一致性、安全性和可靠性的处理与确认，并将数据存储至管理中心收费系统数据库。

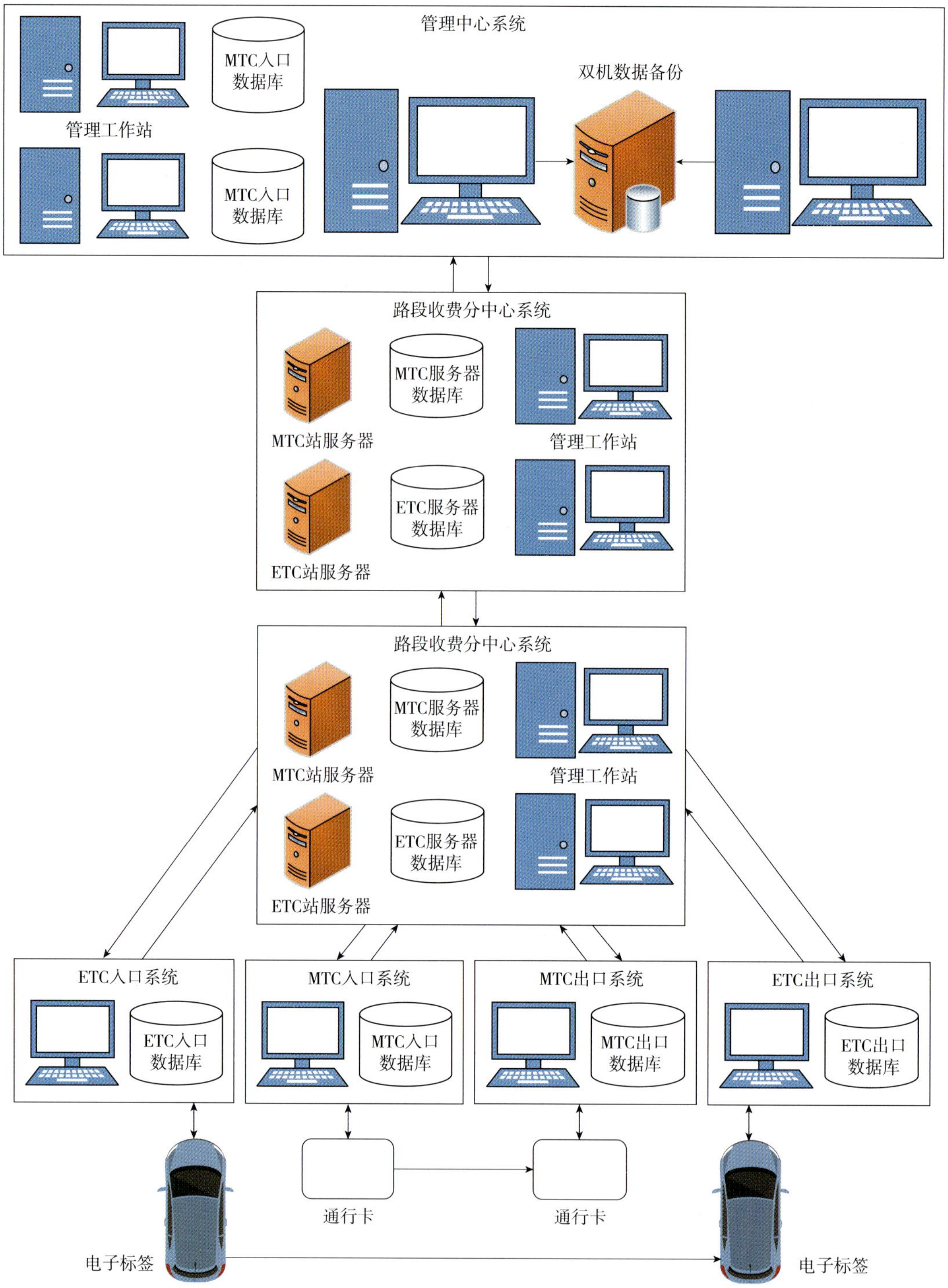

图 1-3　收费数据采集系统构成

收费数据采集流程为：数据从收费车道开始采集，并实时上传至收费站服务器；路段收费分中心接收收费站上传的原始收费数据和统计数据，负责数据完整性、一致性核对，并将数据存储至路段分中心服务器；管理中心接收路段分中心上传的原始收费数据和统计数据，完成数据完整性、一致性核对，并将数据存储至管理中心服务器。

1.4.3 数据采集方法

数据采集作为开展研究的基础，包括以下几个步骤：

1)提取数据项

高速公路联网收费数据中，所谓流水即为车辆的通行流水记录，每一条流水对应一辆车的通行记录；以数据表的形式记录并存储车辆通行信息，有入口车道流水表、出口车道流水表、图像表等。以出口车道流水表为例，说明联网收费系统中具体记录内容，详见表1-6。

出口车道流水表　　表1-6

字段名称	字段代码	类　型	长　度
出口记录号	RecordNo	Small Int	2
出口流水号	ListNo	Char(16)	16
入口流水号	InListNo	Char(16)	16
入口区域编码	InAreaNo	Small Int	2
入口路段号	InRoadNo	Small Int	2
入口站编码	InStationNo	Small Int	2
入口站名	InStationName	Char(8)	8
入口车道号	InLaneNo	Small Int	2
入口车型	InVehType	Tiny Int	1
入口车种	InVehClass	Tiny Int	1
入口车牌	InVehPlate	Char(10)	10
入口发卡员工号	InOperatorNo	Integer	4
入口发卡时间	InOpTime	Date Time	8
入口广场号	InSquareNo	Small Int	2
入口行驶方向	InDirection	Tiny Int	1
入口车型自动识别	InVehTypeAuto	Tiny Int	1
入口车牌自动识别	InVehPlateAuto	Char(10)	10
区域编码	AreaNo	Small Int	2
路段号	RoadNo	Small Int	2
站编号	StationNo	Small Int	2
站名	StationName	Char(8)	8
广场编码	SquareNo	Small Int	2
车道号	LaneNo	Small Int	2
车型	VehType	Tiny Int	1
车种	VehClass	Tiny Int	1
车辆数	VehCount	Small Int	2
车牌号	VehPlate	Char(10)	10
工班号	SquadNo	Tiny Int	1
工班日期	SquadDate	Date Time	8
收费员工号	OperatorNo	Integer	4

续上表

字段名称	字段代码	类型	长度
收费员姓名	OperatorName	Char(8)	8
身份卡 ID 号	ID	Char(16)	16
身份卡表面号	IDNo	Integer	4
收费时间	OpTime	Date Time	8
卡盒编码	CardBoxNo	Integer	4
卡箱编码	CardThunkNo	Integer	4
通行券类型	TicketType	Tiny Int	1
通行卡 ID 号	CardID	Char(16)	16
通行卡表面号	CardNo	Integer	4
支付卡号	PayCardID	Char(16)	16
支付卡表面号	PayCardNo	Integer	4
支付卡类型	PayCardType	Tiny Int	1
支付卡余额	PayCardBalance	Integer	4
行驶方向	Direction	Tiny Int	1
图像序号	ImageSerialNo	Small Int	4
特殊事件	SpEvent	Integer	4
发票号	InvoiceID	Integer	4
收费车金额	CashMoney	Small Int	2
免费车金额	FreeMoney	Small Int	2
公务车金额	OfficeMoney	Small Int	2
未付金额	UnpayMoney	Small Int	2
Etc 金额	ETCMoney	Small Int	2
车型自动识别	VehTypeAuto	Tiny Int	1
车牌自动识别	VehPlateAuto	Char(10)	10
费率版本号	PriceVerNo	Tiny Int	1
流水表文件名	ListName	Small Int	2
标识站	FlagStation	Integer	4
免费路段编码	OwnerCode	Integer	4
ETC 交易系列号	ETCTradeNo	Big Int	8
ETCtac 码	ETCTac	Big Int	8
ETC 终端交易列号	ETCTermTradNo	Big Int	8
ETC 终端机编码	ETCTermCode	Big Int	8
备用 1	BackUp1	Integer	4
备用 2	BackUp2	Integer	4
备用 3	BackUp3	Integer	4
备用 4	BackUp4	Integer	4
校验码	VerifyCode	Integer	4
上传时间	UploadTime	Date Time	8

由表1-6可知，收费系统入口、出口车辆原始数据所采集和规定的数据项非常繁多，可根据研究内容，如交通流量、密度、速度、通行能力、服务水平、路网运行状态等，分类提取所需的汇总信息。同时，本书中所提到的诸如流水表、联网地图等方面信息，均是从地方标准、国家标准或者年鉴中得来，是向全社会公开的。

2）将筛选后的数据导入数据库

将上述筛选后的数据对象导入到根据研究所设定的主题数据库中，数据库的选择可不做限定。

3）数据标准化

即对上述数据项的具体内容进行标准化处理。由于样本规模巨大，为了提高排序、查找等操作的运行速度，应尽可能采取数值类型作为数据项的存储类型。另外，需将空值及其他丢失的数据尽量使用同等长度的标识串进行代替。需要说明的是，由于“0”这个字符比较特别，所以在进行数据标准化时可尽量避免使用“0”，而更多的选用“9999”等这样的字符作为标识串更具突出意义。

1.4.4 数据质量控制

1）问题数据产生原因分析

为保证研究结果的准确性，需对采集到的原始信息进行必要的数据质量控制。数据质量控制主要是指删除原始数据中不合逻辑的数据、过滤非正态分布数据及删除格式不符合要求等问题数据。这些问题数据产生的原因是：

（1）在收费系统中，因收费员操作失误、时钟校时不一致（即产生了错误的入出口时间）、驾驶员换卡等原因而产生的问题数据。

（2）因收费数据特有的属性而产生的不合理数据。由于在高速公路网中一般会设有服务区、停车区等，长途行驶的车辆很可能会在服务区加油、用餐或休息等。对于这些车辆而言，其行驶时间不仅包括了在入、出口之间的实际行驶时间，也包括了在服务区、停车区的逗留时间。然而，在封闭式收费系统中，车辆是否在半路停过我们无从而知，对于这类车辆所产生的收费数据在行驶时间的评估中可通过合适的方法将其过滤。

2）数据质量控制规则

针对问题数据的产生原因，为过滤掉不合逻辑、分布呈偏斜、格式不符合要求的数据，本研究建立了下述数据质量控制规则：

（1）车辆入、出口位置相同。

删除掉收费数据记录中入口站和出口站相同的记录，同时删除掉U形转向车辆的相关记录。

（2）入口时间不合逻辑。

在收费记录中，由于时钟校时错误等导致的入口时间晚于或等于出口时间，此类数据严重影响车辆速度的准确计算，应予删除。

（3）车辆速度异常。

速度过慢有可能出现过停车休息的情况，速度过快有可能是时钟校时存在问题，这都会影响行驶时间的分析。对于此类收费数据，最便捷有效的方法就是剪掉速度分布中最高和最低的部分，可采用百分位线的方法。

由于国内客、货车性能及出行特点差异较大，因此需对客车和货车采取不同的过滤方法：对于客车，设置95th（速度分布图中第95位百分位线）作为上限，5th（速度分布图中第5位百分位线）作为下限；对于货车，设置99th（速度分布图中第99位百分位线）作为上限，10th（速度分布图中第10位百分位线）作为下限。需要说明的是，货车使用更高的边界是因为货车停留附属设施休息的可能性更大，并且货车速度在一般情况下会低于客车速度。归纳为如下规则：

客车的判断条件：VClass =0 和（5th≤速度≤95th）。

货车的判断条件：VClass = 1 和(10th≤速度≤99th)。

VClass——客货车标志，0 表示客车，1 表示货车，2 表示未知。

执行此规则后，客车和货车均有约 10% 的数据因为速度不合理而被过滤掉。

(4)日平均速度异常。

收费数据中还存在许多不合理的高速度值，这些数据也需要通过技术手段进行过滤。如，假设某路网中行驶客车限速为 120km/h，货车为 100km/h，超过限速的车辆虽然较为常见，但绝大多数车速都在限速之上还是很罕见的。基于这个前提，使用以下规则过滤不合理的高速度：

如果在某 2 个站之间客车的日平均速度大于 120km/h，或货车的日平均速度大于 100km/h，则过滤掉当日全天的收费数据。

(5)样本量控制。

设定满足适合本研究所需的最小样本规模。在每个 OD 入出对中，若每小时的车辆数大于等于最小样本量，则认为其所代表的平均速度是可靠的；若每小时的车辆数小于最小样本量，代表平均速度不可靠。

(6)样本分布规则。

样本分布规则主要是指删除掉收费数据中车辆速度存在不合理偏斜的数据。如果在 OD 入出对中存在足够的样本规模，车速数据应呈正态分布。对于非正态分布数据，可通过偏度峰度检验法进行过滤：

$$s > \max(C,\ 3s_{es}),\ \text{abs}(K) > 2s_{eK} \tag{1-20}$$

$$s_{es} = \sqrt{\frac{6}{N}} \tag{1-21}$$

$$s_{eK} = \sqrt{\frac{24}{N}} \tag{1-22}$$

式中：s——偏度，用于衡量样本分布的对称度；

K——峰度，用于衡量样本分布与正态分布的距离；

N——样本规模(本研究中，$N = 10$)；

C——经验值，$C_{客车} = 0.8$，$C_{货车} = 1.5$。

采取此规则可通过数学方法来判定和消除非正态情形下的偏斜速度数据。

2 高速公路交通信息自动化采集方法

本章针对智能交通领域的信息采集技术进行了详细的研究和分析，重点阐述了各种交通信息自动采集技术的工作原理和系统构成，并对各种交通信息自动采集技术可采集的交通参数进行了分析，最后对各种交通信息采集技术的性能、可提供的交通参数等进行了对比分析，为进一步的理论研究和采集平台的设计提供了条件。

2.1 磁感应检测技术

磁频车辆检测技术是基于电磁原理进行车辆检测的，通过检测磁场强度的变化来判断是否有车辆存在或通过，主要分为以下三类：

1）环形线圈车辆检测器

它是一种基于电磁感应原理的检测器，当车辆通过通有一定电流的地埋环形线圈或停在其上时，铁质车身切割磁力线，引起线圈回路电感量的变化，检测器通过检测该电感变化量就可以检测出车辆的存在。

2）地磁车辆检测器

当车辆位于或通过检测区域时，将引起磁场的变化，由此检测车辆的存在性或通过性。地磁车辆检测器是小范围、高灵敏度的检测器，可以将多个地磁车辆检测器组网形成大范围的车辆检测。

3）磁成像车辆检测器

它是利用车辆磁成像技术，通过测量车辆出现引起的磁场变化来检测车辆。由于不同构造的车辆有不同的磁纹，因此通过检测这些磁纹，还可以获得车辆的车速、车型和构造等信息。

环形线圈车辆检测器准确率高、成本低、技术成熟，是目前国内外应用最广泛的车辆检测设备。本章主要介绍环形线圈车辆检测器和地磁车辆检测器。

2.1.1 基于环形感应线圈的交通信息采集

环形线圈车辆检测器是一种基于电磁感应原理的车辆检测器，通常由三部分组成：埋设在路面下的环形线圈、传输馈线和检测处理单元，如图 2-1 所示。

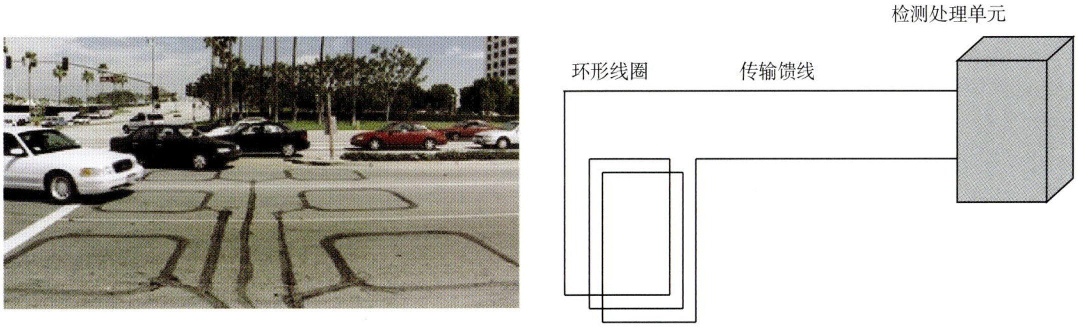

图 2-1　线圈检测系统示意图

多个环形线圈检测器检测到的交通信息通过控制单元后，经调制解调器传给远端的控制中心，这样组成一个完整的车辆检测系统，如图 2-2 所示。

环形线圈车辆检测器的工作机理如下：环形线圈通过传输馈线与检测处理单元相连，检测处理单元用高频信号驱动环形线圈。通有高频交流电流的环形线圈，在线圈的周围产生了交变电磁场。当车辆通过线圈或停在线圈上时，由铁磁材料构成的车体引起线圈回路电感量变化，表现为耦合振荡电路频率的变化和相位的变化。信号检测处理单元检测出其中一个量的变化，就可以检测出车辆的存在。

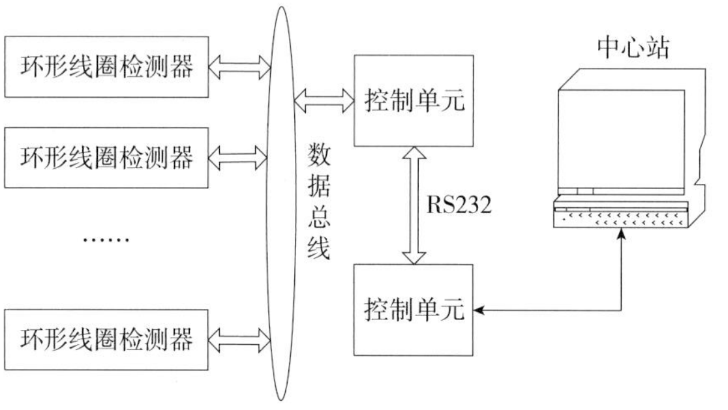

图 2-2 车辆检测系统组成框架

环形线圈检测器的主要优点是测量准确度高、可靠性高、灵敏度高、技术成熟、设备性能稳定。但线圈长时间埋在路面下，实际使用中由于路面物理位移(道路施工、热胀冷缩、重车碾压等)而造成的损坏居多，使用寿命较短。

环形线圈车辆检测器主要应用于交通流数据信息采集系统、交通信号控制系统、交通诱导及停车管理系统。通过不同的感应线圈的设置方式，可实现对交通流量、时间占有率、速度和车辆长度等交通信息的检测。

1)交通流量

交通流量是指在选定时间段内通过道路某一地点、某一断面或某一车道的交通实体数。环形线圈车辆检测器的最初基本功能就是统计车流量。由于检测器可以准确地检测到车辆的通过，因此只要在设定的时间内对通过的车辆进行计数即可得到车辆的流量值。假设在统计时间 t 内，车辆计数值为 N，则单位时间内交通流量的估计值为：

$$q \leqslant \frac{N}{T} \tag{2-1}$$

2)时间占有率

时间占有率即车辆的时间密集度，在一定的观测时间 T 内，车辆通过检测器时所占用的时间与观测时段时间的比值。根据定义，其计算公式如下：

$$o = \frac{\sum_{i=1}^{N} t_i}{T} \tag{2-2}$$

式中：o——采样间隔内时间占有率；

t_i——采样间隔内第 i 辆车占用检测器的时间；

T——数据统计采用的时间间隔。

3)速度

单线圈可以用来估计速度，传统的单线圈速度估计方法为：

$$v = \frac{l}{t_{\text{off}} - t_{\text{on}}} \tag{2-3}$$

式中：l——车长加线圈的总长度；

t_{on}——检测器检测到车辆进入的开始时间；

t_{off}——检测器检测到车辆离开的时间。

由于实际车辆的长度未知，一般只能采用平均值，这将导致速率估计存在较大误差。为了更好地进行速度估计，采用双线圈车速检测方法。如图 2-3 所示，在一个车道上相距一定的距离 s 埋设两个环形线圈。

得到车速的估计值为：

$$v = \frac{s}{t_1 - t_2} \tag{2-4}$$

式中：s——两个线圈的相隔距离；

t_1——车辆到达线圈 1 的时刻；

t_2——车辆到达线圈 2 的时刻。

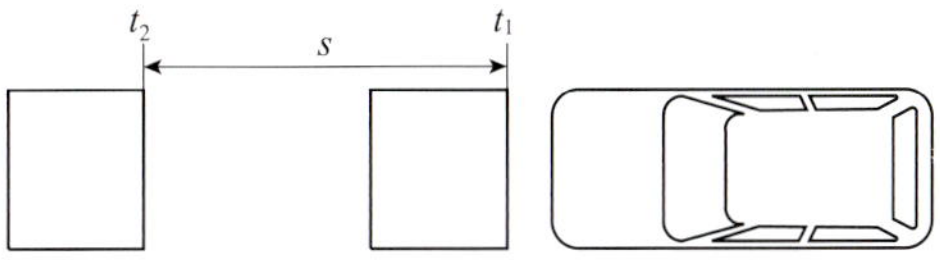

图 2-3　双线圈车速检测法的示意图

地点车速是指车辆通过道路某指定地点的瞬时速度。合理布置两线圈之间的距离，则可通过式(2-4)获得每辆车的地点车速 v_i。在单位时间内测得通过道路某断面各车辆的瞬时车速，这些瞬时速度的算术平均值，即为该断面的时间平均车速 V。

$$V = \frac{1}{N}\sum_{i=1}^{N} v_i \tag{2-5}$$

式中：V——采样间隔内时间平均速度；

v_i——采样间隔内第 i 辆车的地点速度；

N——采样间隔内的车辆数。

4) 车辆长度

根据检测器原理，车辆长度有如下关系：

$$l_i + d = v_i t_i \tag{2-6}$$

式中：l_i——采样间隔内第 i 辆车车身长度；

d——检测线圈的长度。

一般把车身长度和检测线圈的长度之和称为有效车身长度，则平均有效车身长度为：

$$\bar{l} = \frac{1}{N}\sum_{i=1}^{N}(l_i + d) \tag{2-7}$$

式中：$\bar{l}$——采样间隔内平均有效车身长度。

2.1.2　基于地磁感应的交通信息采集

地磁检测器由电源、磁棒和接收机三部分构成，图 2-4 为地磁检测器组成实物。

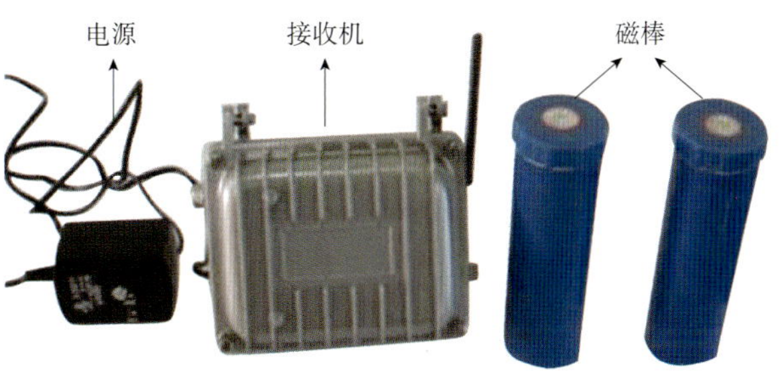

图 2-4　地磁检测器组成实物

地磁检测器把一个具有高导磁率铁芯和线圈装在一个保护套内，里面填满非导电的防水材料，形成一根磁棒。在路上垂直于交通流的方向开一个 0.2～0.6m 的孔，把磁棒埋在路面下，当车辆驶过这个线圈时，通过线圈的磁通量发生变化，在线圈中产生一个电动势，这个电动势经过放大器放大后去推动继电器，发出一个车辆通过的信息。地磁检测器只能检测以相当车速通过的车辆，所以是通过型检测器，不适用于需要检测车辆存在的地方。

如图 2-5 所示，地磁检测器的工作流程如下：当车辆经过检测器时会使检测器周围的磁场发生扭曲，从而改变检测器中磁化向量的角度。通过数据传输信道将检测磁场变化的数据传输到接收器上，再以固定的格式传输到接收器中，并对数据进行分析处理，经过分析算法的分析检测后，就可以得出检测到的车辆信息。

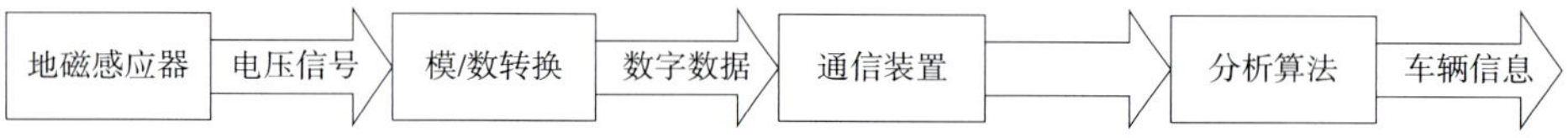

图 2-5　地磁检测器工作原理

地磁检测器具有安装容易，不易损坏，价格便宜等优点。缺点是对慢速车辆不能检测，有时会出现误检，且材料容易老化，灵敏度会逐年衰减。

2.2　波频检测技术

利用波的特性来实现车辆检测的检测器归类为波频车辆检测器，主要包括激光雷达检测器、微波检测器、超声波检测器和红外线检测器。

2.2.1　激光雷达检测技术

雷达测速仪是由激光发射器和接收器组合而成的新型车辆检测器。雷达测速仪根据多普勒效应的原理对行驶中的车辆进行测速。多普勒效应是指当发射源和接收者之间有相对径向运动时，接收到的信号频率将发生变化。图 2-6 为雷达测速仪的实物形式。

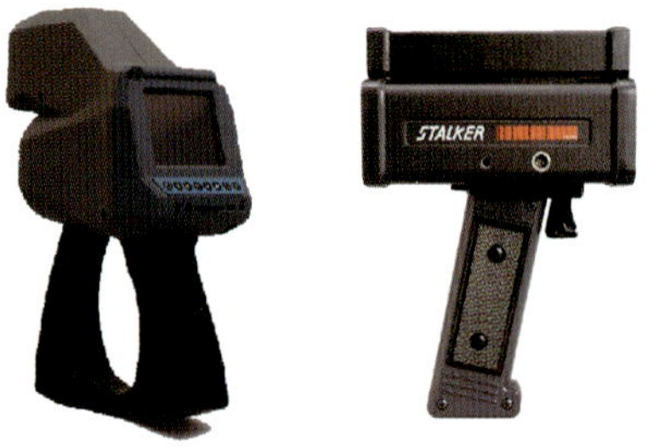

图 2-6　雷达测速仪实物

多普勒雷达的基本工作原理如图 2-7 所示。接收器发射无线电波，当物体朝着无线电发射的方向前进时，反射回来的无线电波会被压缩，因此该电波频率随之增加；反之，当物体朝着远离无线电波的方向前进时，其反射回来的无线电波频率会随之减少。

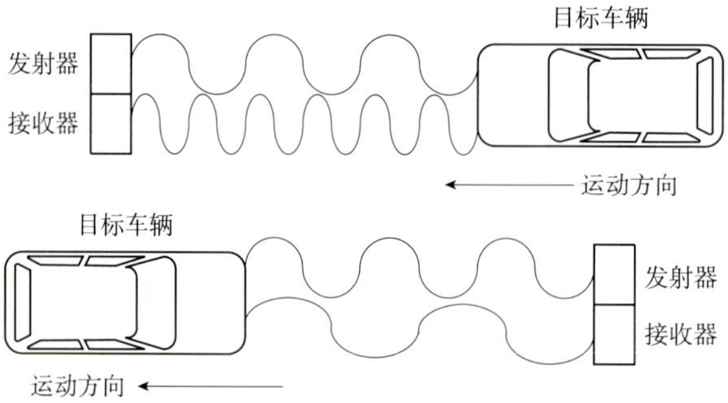

图 2-7　多普勒雷达的基本工作原理

根据多普勒效应，当发射波的波速遇到运动物体返回时，其回波有如下关系：

$$f_0' = f_0 + \frac{2v}{c} \cdot f_0 \tag{2-8}$$

式中：f_0'——反射信号的频率；

f_0——微波源产生的发射频率；

v——运动物体的径向速度分量；

c——电磁波在空间的传播速度。

从而，可求得：

$$v = \frac{c}{2f_0} \cdot f_d \tag{2-9}$$

式中：f_d——多普勒频移，又称作多普勒频率。

$$f_d = |f_0' - f_0| \tag{2-10}$$

由于 c 和 f_0 都是已知量，显然运动车辆的速度与 f_d 成正比，即测得 f_d 就可求得目标车辆的速度 v。

根据不同的工作原理应用场合，雷达测速仪的发射器和接收器可以安装在公路旁的立柱上或公路正上方的信号灯柱、高架横梁、过街天桥上。

2.2.2 微波检测技术

远程交通微波检测器 RTMS（Remote Traffic Microwave Sensor）主要由三部分组成：RTMS 雷达波发射接收设备及其控制器，RTMS 专用无线电调制解调发射设备（RF-modem），RTMS 及 RF-modem 的专用电源。

RTMS 检测器实际是一个在微波范围内工作的雷达，通过发射和接收反射雷达波即可检测车辆。RTMS 以低功率微波信号在扇形光线区域内发射连续调制波（FMCW，Frequency Modulated Continuous Wave），信号束在探测车道上形成长达 60m 的椭圆状投影，貌似一块巨大的面包（图 2-8）。RTMS 的范围测量解决方案将该投影区域分割为 32 层，每层约为 2m，每个探测区域或车道均由一层或多层组成，用户可根据需要自行定义。

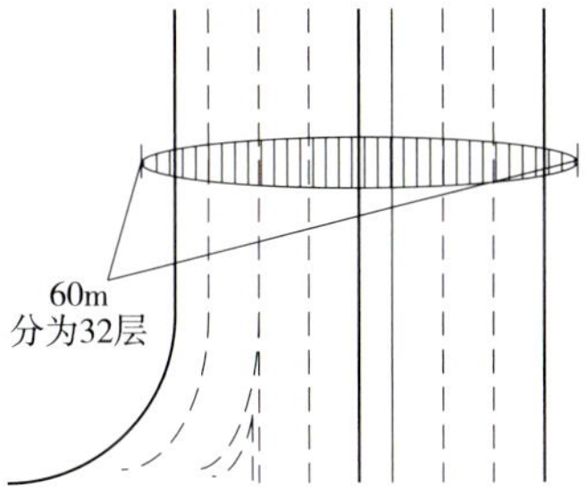

图 2-8 RTMS 工作原理图

RTMS 的工作流程如下：RTMS 连续向探测车道上发射微波信号束。

步骤一：RTMS 在通电开机后自动进行背景学习，接收天线检测到路面的回波信号后，会根据回波信号的强弱自动生成背景阈值，如图 2-9 所示。

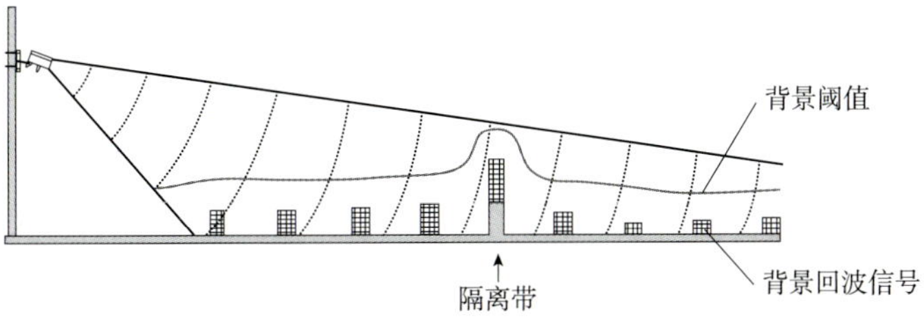

图 2-9 RTMS 工作流程步骤一示意图

步骤二：如图 2-10 所示，当有车辆经过检测断面时，由于车辆近侧面回波信号强度高于背景阈值，则判断该车辆所在车道有目标存在。

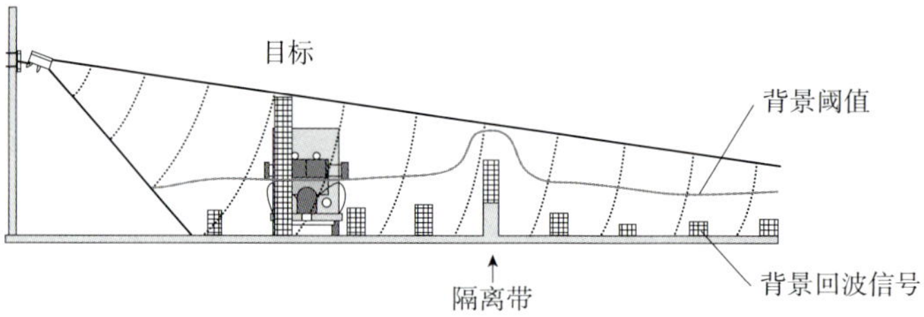

图 2-10　RTMS 工作流程步骤二示意图

步骤三：如图 2-11 所示，目标车辆驶离检测区域，车检器接收的回波信号恢复到背景阈值以下，等待下一次检测，同时将车流量、时间占用数据记录到检测器内部的缓存中，待记录周期结束后输出结果。

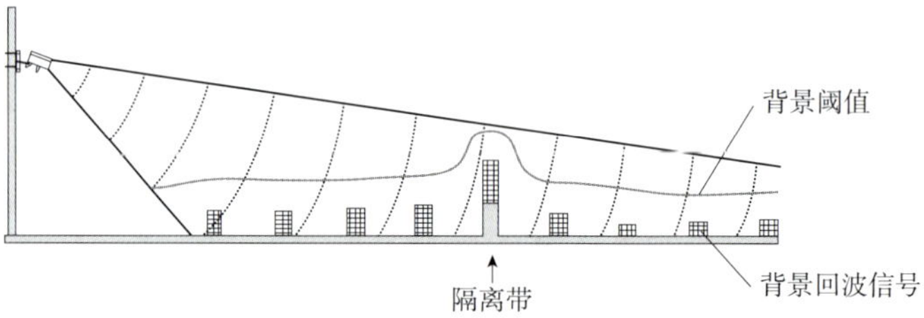

图 2-11　RTMS 工作流程步骤三示意图

RTMS 检测器具有以下优势：易于安装和养护；可以多车道检查，能防止车辆相互遮挡；受环境影响小；计数准确、精度高；能检测静止车辆和交通拥堵。

目前，RTMS 检测器的主要应用如下：高速公路交通管理(包括自动事故检测)；远程车流量管理；交通事故检测报警系统；实现十字路口信号控制；作为移动计数站；车速测量等。

2.2.3　超声波检测技术

超声波检测器实物如图 2-12 所示。

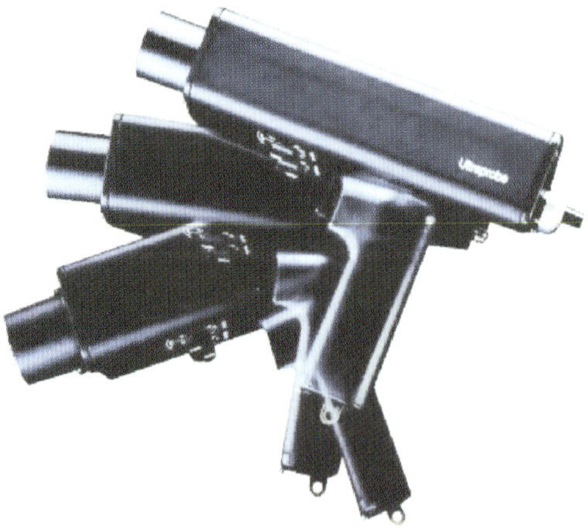

图 2-12　超声波检测器实物图

超声波车辆检测器的结构主要包括超声波探头、主机和通信三个部分，如图 2-13 所示。

超声波车辆检测器是根据声波的传播和反射原理，通过对发射波和反射波的时差测量实现位移测量的设备。利用超声波传感器发射脉冲波，通过测量由路面或车辆表面发射的脉冲超声波的波形，可确定从传感器到路面或车辆表面的距离，同时，因路上有车和路上无车时的传感器所测信号是有差别的，可借此确定有无车辆通过；传感器将接收的超声波信号转换为电信号，通过信号处理模块进行分析和处理，就可以得出车辆数量、车速以及车道占有率等交通流参数。超声波车辆检测工作示意图如图 2-14 所示。

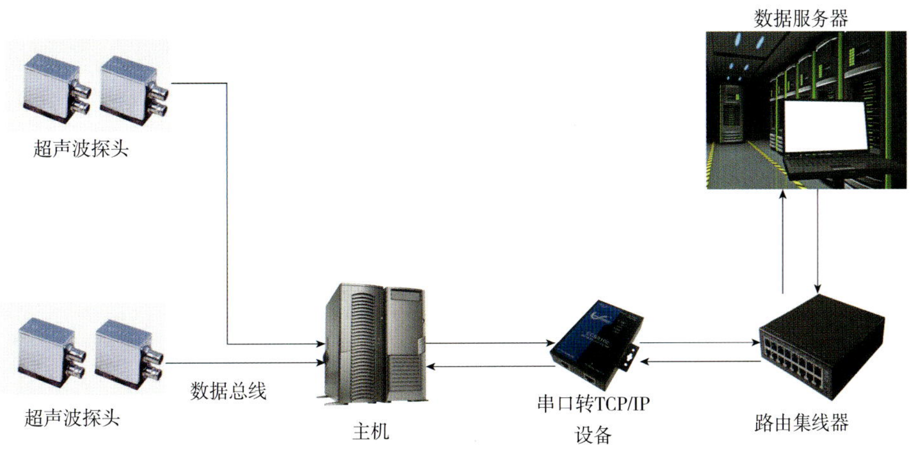

图 2-13　超声波车辆检测器系统结构

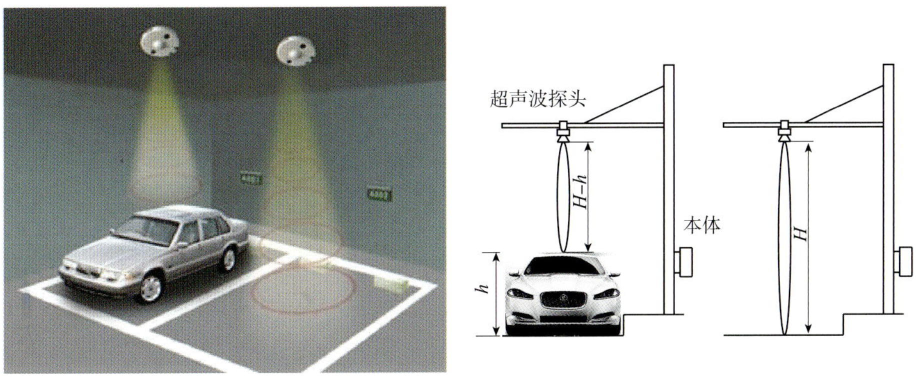

图 2-14　超声波车辆检测工作示意图

若超声波探头距地面高度为 H，车辆高度为 h，声速为 v，超声波脉冲的反射波从路面和车辆返回时间分别为 t 和 t'，则：

$$t = 2\frac{H}{v} \tag{2-11}$$

$$t' = \frac{2(H-h)}{v} \tag{2-12}$$

可见时间 t' 与车辆高度 h 存在如上的函数关系。根据这个特点，超声波车辆检测器即可以检测有无车辆的存在或通过。同时，也可以根据预置的参数，按车型分别技术，进一步得到车型(大车型、小车型)、交通流量、占有率、拥堵时间等参数。

2.2.4　红外线检测技术

红外检测器包括主动和被动两种类型。主动红外检测器利用激光二极管发射具有一定能量的红外线，该红外线被经过检测区域内的车辆反射，然后利用安装在一个传感器接收反射后的红外线的能量，并对实时信号进行预处理，确定交通量、车速等交通参数，系统原理如图 2-15 所示。

主动红外检测器提供交通量、速度测量、排队长度等交通参数。主动型红外检测器包括一个红外发光管和一个接收管。当没有车辆通过时，红外接收管不接收光线；当有车辆通过时，接收由车辆反射回来的红外线。其系统原理是由调制脉冲发生器产生调制脉冲，经检测器的红外发射管向道路上辐射，当由车辆通过时，红外线脉冲从车体反射回来，被检测器的红外接收管接收。经红外调解器调解，通过选通、放大、整流和滤波后触发驱动器输出一个检测信号。

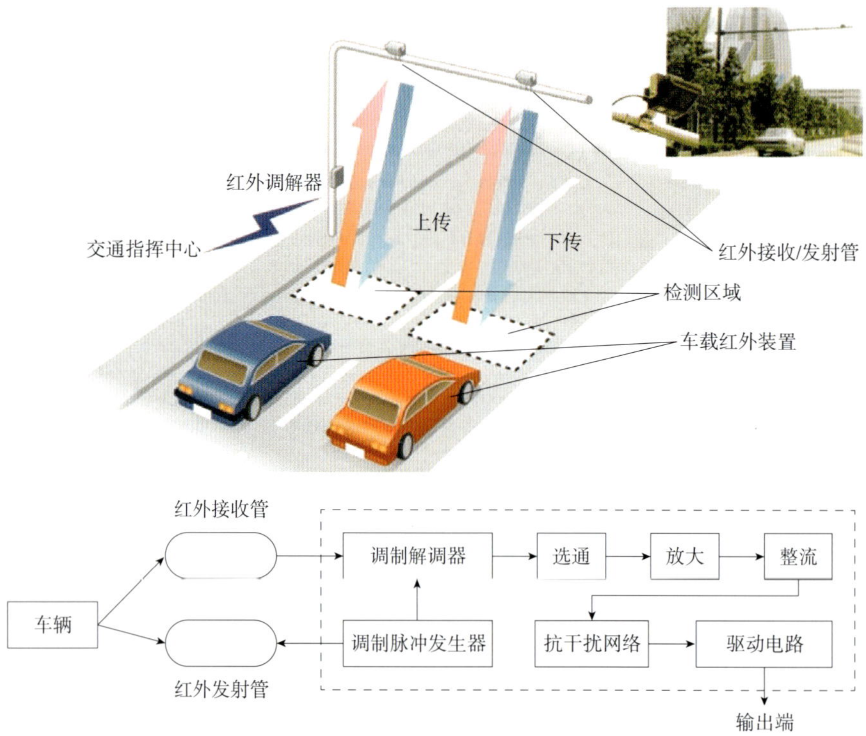

图 2-15　主动红外线检测器系统原理图

被动红外检测器利用一个能量接收传感器，来检测设定检测区域内经过车辆本身辐射的能量，能量接收传感器根据接受能量的变化来检测交通参数，被动红外检测器可以提供主动红外车辆传感器除车速外的所有交通参数。

当车辆进入被动式红外车辆检测器的检测区域时，检测器检测到的红外线能量发生变化，其符合辐射传播定律。设车辆和路面（由路面发射的波长在检测器的可测波长范围内的红外线）的红外线发射频率分别为 ε_V 和 ε_R，车辆和路面的表面温度（单位为 K）分别为 T_V 和 T_R。在认为检测器自身发射的红外线能量忽略不计的情况下，车辆温度可由下式近似确定：

$$T_{BV}(\theta,\ \varphi)=\varepsilon_V T_V+(1-\varepsilon_V)T_{SKY} \tag{2-13}$$

式中：T_{SKY}——大气温度（大气吸收太阳光、宇宙射线而使大气具有的温度）；

θ——传感器探测角度的最小值（如竖直向下时达到的角度）；

φ——路面坐标系中的角度；

$\varepsilon_V T_V$——由车辆散发的红外线能量，由亮度温度表示；

$(1-\varepsilon_V)T_{SKY}$——由车辆反射的大气红外线能量。

同样，路面温度也可由式（2-14）近似确定：

$$T_{BR}(\theta,\ \varphi)=\varepsilon_R T_R+(1-\varepsilon_R)T_{SKY} \tag{2-14}$$

式中：$\varepsilon_R T_R$——由路面散发的红外线能量；

$(1-\varepsilon_R)T_{SKY}$——由路面反射的大气红外线能量。

当车辆经过时，被动式红外线传感器探测到的红外线能量（亮度温度）由式（2-15）确定：

$$\begin{aligned}\Delta T_B(\theta,\ \varphi)&=T_{BR}(\theta,\ \varphi)-T_{BV}(\theta,\ \varphi)\\&=(\varepsilon_R T_R-\varepsilon_V T_V)+(\varepsilon_R-\varepsilon_V)T_{SKY}\end{aligned} \tag{2-15}$$

当 $T_V=T_R$ 时，有

$$\Delta T_B(\theta,\ \varphi)=(\varepsilon_R-\varepsilon_V)(T_R-T_{SKY}) \tag{2-16}$$

因此，如果车辆和路面的表面温度相同，车辆经过所引起的传感器信号与路面和车辆的反射率差及路面和大气的温度差有关。在阴天、雨天等湿度大的天气情况下，大气温度比晴天时的高，则由车辆经过引起的信号会减弱。

2.3 视频与图像分析检测技术

随着图像信号处理技术的进步和微电子技术的发展，视频与图像分析检测技术也得到不断地提高和更加广泛地应用。对于交通管理人员，交通路口的电视图像是最直接的交通信息，同时也是最大的交通信息源。本节主要介绍基于视频的交通信息采集技术和基于遥感图像的交通信息采集技术。

视频交通采集系统是未来智能运输系统发展的基础，视频图像含有丰富的交通信息，随着人们对图像信息研究和应用的深入，人们可以从视频图像中直观地获取现场的交通情况。

高分辨率遥感图像作为新兴的信息采集方式，具有空间上大面积连续覆盖的独特优势，能够在更大范围内探测交通流数据，是当前任何其他交通监测方式所不具备的。对于没有安装检测设备的区域，基于卫星影像的计数方法可以提供有用的信息，同时也可以提供路网上车辆分布模式的全面信息。基于高分辨率遥感图像的交通信息采集方法，可以改变目前道路交通信息采集成本过高的现状，并且信息覆盖面广，能够采集大范围路网上的交通流信息，突破传统交通检测设备的局限性。

2.3.1 基于视频的交通信息采集

基于视频检测的交通信息采集系统通过对视频检测器对所检测区域的背景图像的灰度值进行统计，根据检测目的设定阈值。当检测器运行的时候，实时采集到的视频图像经过图像处理与分析后得到当前图像的灰度阈值，与设定的阈值相比较，在结合计数器、时钟等设备获得所需的交通量、车速、占有率等参数。

视频交通采集系统由视频交通检测器、摄像机、通信模块等构成。其工作流程如图2-16所示。

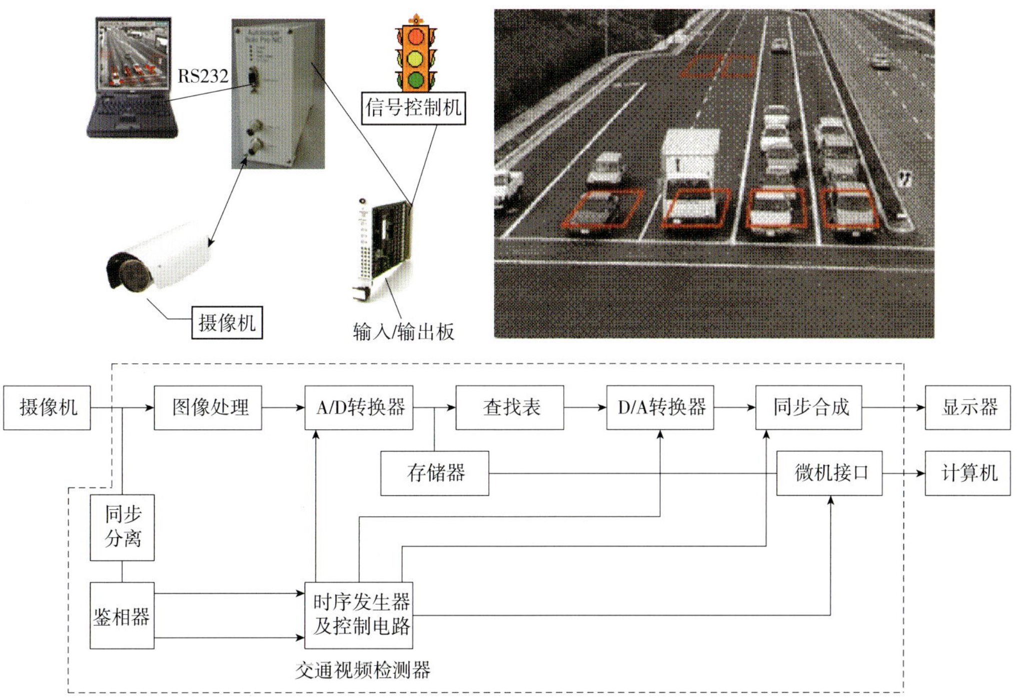

图2-16 交通视频检测系统及工作流程

利用视频交通检测器检测各种交通参数的检测方法如下：

1）车辆存在与车辆存在时间的检测

首先，计算出所选定区域在无车辆存在时的背景特征值，并将实际检测值与其进行比较判断车辆是否存在。最简单的办法是先估计背景的灰度统计值，再从统计值中预先确定一个阈值。在图像处理时，当有车辆通过的时候，在显示终端上设定的检测线周围的灰度数值将会发生变化，将此时刻的图像灰度数值与预先确定的灰度阈值相比较，如果大于此阈值，意味着有车辆通过，反之则表示没有车辆通过。用参数 P_{At}，表示在检测点 A、时刻 t 是否有车辆通过，即：

$$P_{At}=\begin{cases}0 & \text{表示无车通过}\\ 1 & \text{表示有车通过}\end{cases} \tag{2-17}$$

当车辆 i 通过检测区域的时候，检测区域的灰度数值的变化将会持续一段时间，也就是在检测时段内检测区域的背景灰度值与预先确定的阈值相比较，大于此阈值的时间长度就是车辆 i 在检测点 A 的存在时间，记为 t_{OAi}：

$$t_{OAi}=t_{Aei}-t_{Abi} \tag{2-18}$$

式中：t_{Aei}——车辆 i 完全通过检测点 A 的时刻；

t_{Abi}——车辆 i 开始进入检测点 A 的时刻。

2）交通流量的计算

交通量 Q_A 是单位时间 T 通过检测点 A 的车辆总数，即：

$$Q_A=\sum_{t=1}^{T}P_{At} \tag{2-19}$$

3）区域平均速度 $\overline{V}_{AT}$

计算区域平均速度 $\overline{V}_{AT}$ 是在时间 T 内通过检测点 A 的所在车辆的区域速度的平均值，即

$$\overline{V}_{AT}=\frac{\sum_{n=1}^{Q_A}V_{An}}{Q_A} \tag{2-20}$$

式中：V_{An}——第 n 辆车通过地点 A 的区域速度。

4）车头时距的计算

车头时距是前后两辆车车头到达检测点 A 的时间间隔，第 n 辆车与第 $n-1$ 辆车（$n\geqslant 2$）通过检测点 A 的车头时距 $h_A(n,\ n-1)$ 可以通过下式获得：

$$h_A(n,\ n-1)=t_{Abn}-t_{Ab(n-1)} \tag{2-21}$$

在时间 T 内的平均车头时距可以用下式获得：

$$HT_{AT}=\frac{\sum_{n=2}^{Q_A}h_A(n,\ n-1)}{Q_A} \tag{2-22}$$

5）车头间距的计算

当摄像机安装在路段区间内（非交叉口位置），可以获得车头间距。车头间距是前后两辆车车头通过检测点 A 的距离间隔，则第 n 辆车与第 $n-1$ 辆车（$n\geqslant 2$）通过检测点 A 的车头间距可以通过下面的公式计算：

$$HS_{AT}(n,\ n-1)=h_A(n,\ n-1)\overline{V}_{AT} \tag{2-23}$$

在时间 T 内的通过检测点 A 的所有车头间距的平均值为平均车头间距，即：

$$\overline{HS}_{AT}=\frac{\sum_{n=2}^{Q_A}HS_{AT(n,n-1)}}{Q_A-1} \tag{2-24}$$

2.3.2 基于遥感图像的交通信息采集

随着航空航天技术的发展，遥感(Remote Sensing，RS)已经深入到国民经济的各个领域。广义理解，遥感泛指一切物接触的远距离探测，包括电磁场、力场、机械波(声波、地震波)等的探测。狭义的遥感是应用探测仪器，不与探测目标相接触，从远处把目标的电磁波特性记录下来，通过分析，揭示出物体的特征性质及其变化的综合性探测技术。

基于遥感影像交通参数的提取，本质上是利用传感器获得遥感数据反映地面交通，通过人机交互等途径，把遥感影像数据处理与影像目视判读结合起来，能够完成遥感影像中车辆目标的检出识别以及交通流信息提取，以确定交通参数。

随着遥感图像空间分辨率的提高，遥感图像中蕴含了丰富的地物信息。高分辨率遥感图像中道路上的车辆也成为越来越清晰的对象，这就提供了更多的交通信息，是交通规划与管理所需的交通流数据很好的来源。利用遥感图像提取道路上的车辆对象，可以测量路段车流密度，加上时间轴，还可以提取交通流量等数据。因此高分辨率卫星遥感给交通信息采集带来了新的思路，如图 2-17 所示。

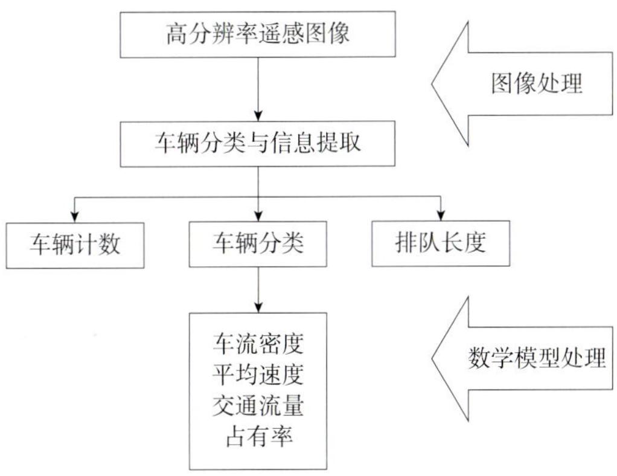

图 2-17 基于卫星影像交通流信息采集的思路

具体来说，遥感图像作为交通信息的数据来源具有观察范围广、易更新、周期短等优势。利用遥感图像作为交通信息源可以更好地满足交通信息服务的范围广、准确、实时的要求，缩短更新时间。

2.4 移动式交通信息采集技术

移动型交通检测器主要包括基于 GPS 的动态交通数据采集技术，基于电子标签的动态交通数据采集技术，基于汽车牌照自动判别的动态交通数据采集技术和基于手机辅助定位的动态交通数据采集技术。移动型交通数据采集可获取交通流量、行程时间和行程车速等交通流信息，具有数据检测连续性强、能够全天候工作等优点。

2.4.1 基于电子标签的交通信息采集

基于电子标签的交通信息采集技术的核心是射频识别系统。典型的射频识别系统主要包括三个部分：电子标签(又称为射频卡、应答器)，读写器(又称为阅读器、读头、扫描器)以及后端计算机，如图 2-18 所示。

电子标签是射频识别系统的数据载体，一般保存有约定格式的电子数据。读写器是连接应用系统和电子标签的桥梁，其基本任务就是启动电子标签，与电子标签建立通信并在应用系统和电子标签之间传送数据。

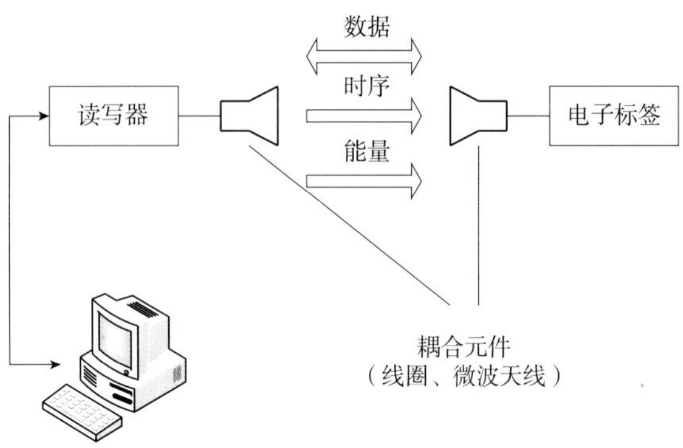

图 2-18　RFID 系统基本组成框图

汽车检测线 RFID 硬件示意图如图 2-19 所示。

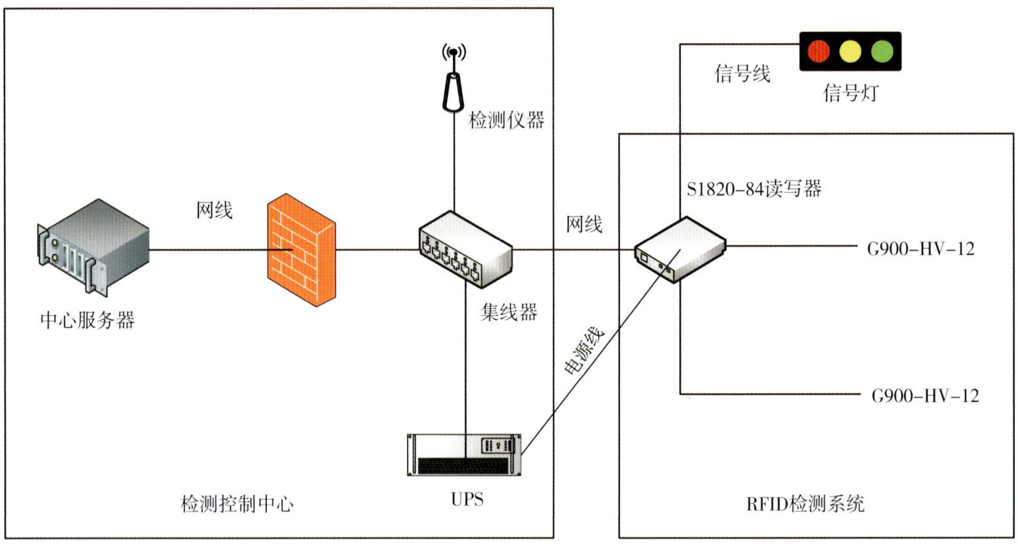

图 2-19　汽车检测线 RFID 硬件示意图

基于阅读器可以远距离读取，而且对高速运动的标签也能够准确捕获的原因，在此把其运用到交通领域来采集车辆信息，从而反映交通流信息。其采集原理是将射频标签贴在汽车上，每个标签都是唯一的且对应着特定户主的车辆。标签中存储汽车的身份信息，包括电子标签号、车辆型号、车牌号码、车主姓名、车主身份证号、车子注册日期等信息。再在道路两侧安装终端阅读器，当贴有射频标签的汽车经过阅读器的辐射场时，标签会产生感应电流被激活，然后和阅读器进行无线通信。阅读器把读取的数据传输到计算机数据处理系统进行处理，得到交通流量、空间平均速度、行程时间和车辆分类等信息。通过多个样本，还可获得地点流量、空间平均车速等交通信息。当同时在某一路段起点断面和终点断面设终端识别器，分别记录同一车辆的通过时间，即可获得单车行程时间。基于电子标签的交通信息采集工作原理示意图如图 2-20 所示。

基于电子标签的交通信息采集技术还可用于不停车收费(图 2-21)、车辆运行轨迹跟踪、车辆类型统计等。

2.4.2　基于牌照识别的交通信息采集

车牌识别系统通过引入数字摄像技术和计算机信息管理技术，采用先进的图像处理、模式识别和人工智能技术，通过对图像的采集和处理，获得更多的信息，从而达到更高的智能化管理程度。

车辆牌照识别系统一般可顺序地分为视频采集，图像预处理，车牌定位，字符分割，字符识别这五大部分。流程图如图 2-22 所示。

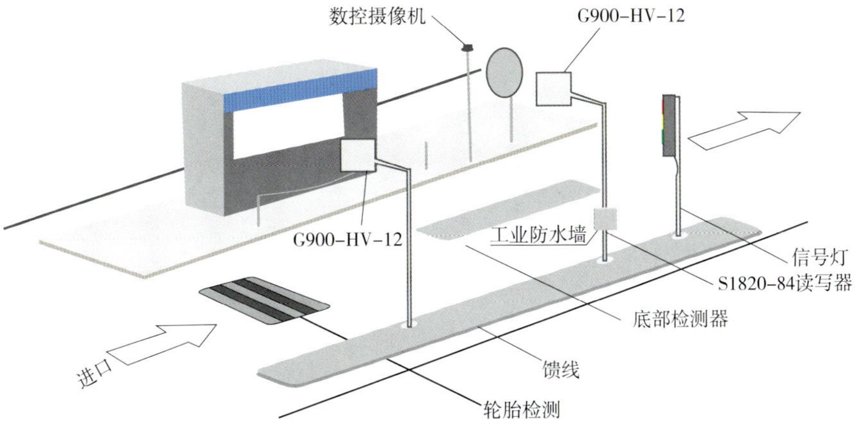

图 2-20　基于电子标签的交通信息采集技术原理示意图

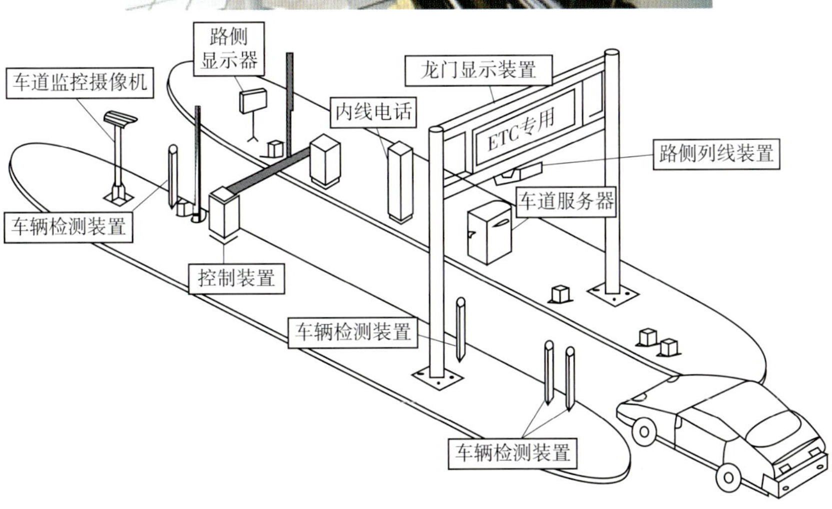

图 2-21　基于电子标签的不停车收费系统示意图

图 2-22　车牌识别系统流程

系统的工作原理是：当车辆通过检测区域时，检测装置将车辆的通过信号传送到图像采集设备；图像采集设备采集车辆图像，并将图像传送到计算机；计算机对车牌进行自动定位和识别并将识别结果送至监控中心或收费处等应用场所。系统工作示意图如图 2-23 所示。

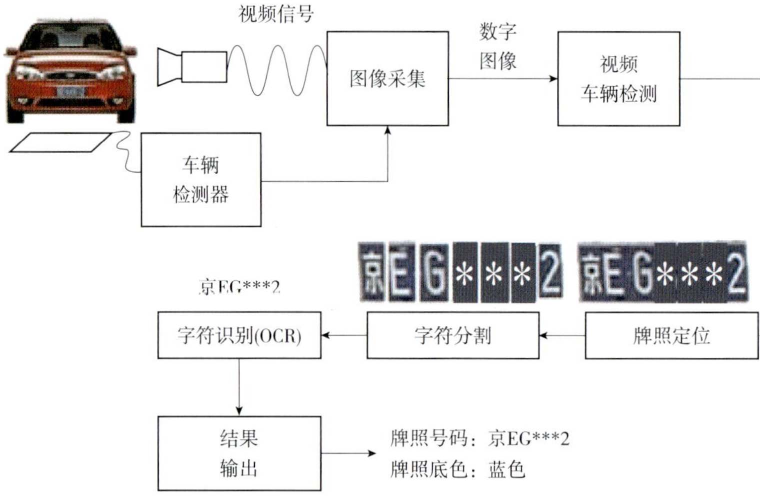

图 2-23　车牌识别过程示意图

车辆牌照识别系统的各部分主要内容如下：

(1) 视频采集。主要通过摄像头与计算机的视频捕捉卡直接相连来完成图像采集，可以实时在监控图像中抓取到含有车辆的图像。该部分功能可调用计算机捕捉卡厂商提供的各种软件开发包工具即可实现。

(2) 图像预处理。首先将彩色图像进行灰度化，然后去除噪声，并对图像进行灰度拉伸以增强图像对比度。然后利用边缘检测来求取车牌的边缘图像。

(3) 车牌定位。在预处理得到的边缘图像中进行区域搜索，寻找出具有车牌特征的候选区域，根据实际车牌的征找出真正的车牌区域。

(4) 字符分割。在得到的车牌图像中进行字符的分割和归一化，然后将分割出的单个字符输入到后续的识别模块进行识别。

(5) 字符识别。对分割出的每个字符进行识别，并进行语法分析，判断识别的结果是否正确。

汽车牌照识别技术应用于公路卡口智能监控系统，可以用来提取过去某一时段的硬盘录像，从而抓取那段时间的交通事故的全过程及辨识肇事车辆；可以检查通缉车辆有无通过卡口；可以检查某个时段通过的车辆数，从而了解道路的流量；可以匹配查询满足一定条件的车辆；还可以完成交通部门的车辆信息联网，解决数据统计自动化，模糊查询的问题，等等。

2.4.3　基于卫星定位的浮动车交通信息采集

近年来，随着 GPS 全球定位系统在各技术领域的广泛应用，GPS 浮动车技术产生并逐渐兴起，成为交通数据采集及交通参数检测的新型技术。

GPS 浮动车也称为 GPS 探测车，它自由行驶在实际道路中，应用 GPS 定位技术，借助安装于车辆内的 GPS 接收机，对车辆的位置和速度进行测量，通过无线通信，获取车辆实时位置和速度数据。GPS 浮动车技术由以下四部分组成：

(1)浮动车。是安装有 GPS 定位系统设施的车辆，它是数据采集源，为整个系统提供自身的时间、位置、车辆状态等信息。

(2)全球定位系统(GPS)。浮动车通过接收卫星定位信息实现车辆定位功能。

(3)无线通信网络。系统利用无线通信网络，如移动通信网的 GPRS 数据通信系统，将浮动车的当前时间、位置、车辆状态等信息数据传送至信息处理中心。

(4)信息处理中心。信息处理中心的通信服务器接收浮动车发送的定位数据，由处理服务器进行数据校验及过滤，并存放进数据库。处理服务器同时负责进行数据分析处理，包括道路交通状态生成处理。

GPS 浮动车技术的基本工作原理如图 2-24 所示。基于 GPS 浮动车技术是以全球定位系统(GPS)为基础，结合地理信息技术、无线通信技术(如 CDMA，GSM，WCDMA 等)、计算机通信与数据处理技术等来实现。它通过在行驶的车辆上安装移动车载终端(包括 GPS 定位模块和内置无线通信装置)，车载终端实时将车辆的定位数据(包括车牌号、经纬度、速度、方向等)信息上传到定位信息收集点，然后将不同采集点采集到的浮动车信息进行汇总传到信息处理中心，在信息中心结合 GIS 地图和相关算法开发配套软件建立计算模型对定位数据进行处理和分析，从而得到道路的交通状况信息。

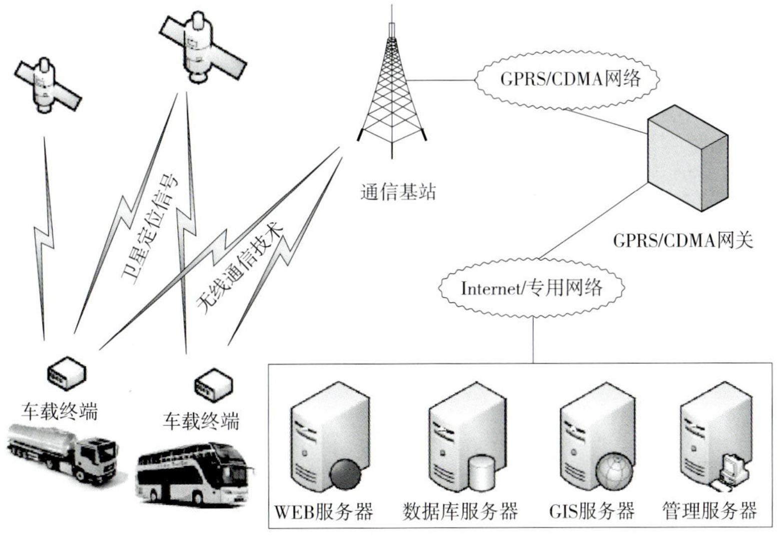

图 2-24 基于 GPS 浮动车技术总体结构图

2.4.4 基于手机辅助定位的交通信息采集

基于手机数据的交通信息采集技术是利用手机移动通信网络中的越区切换信息来分析推算动态交通状况。作为模糊定位技术中最具有应用前景的一种，该技术安装成本十分低廉，模型简洁，运行稳定，而且对移动通信网络的正常运行影响很小，其大数据量特征可以反映路段以及区域交通特征，是一项非常适合实时交通信息采集的技术。手机切换定位的原理是正在通话的手机移动台跟随车辆在道路上行驶，道路被通信小区信号覆盖，当车辆穿越小区时将在相邻小区交界处发生切换，利用手机连续发生切换的位置数据和相应的时间差获取交通信息。除此之外，手机位置区更新、正常短信、开关机以及周期更新等都会产生手机信令数据。通过对大量手机信令信息的采集、预处理，不论是提取单个用户出行特征还是提取区域出行特征都可以获取很好的效果，随后经交通模型的分析处理，最后可以获得实时的交通信息，如图 2-25 所示。

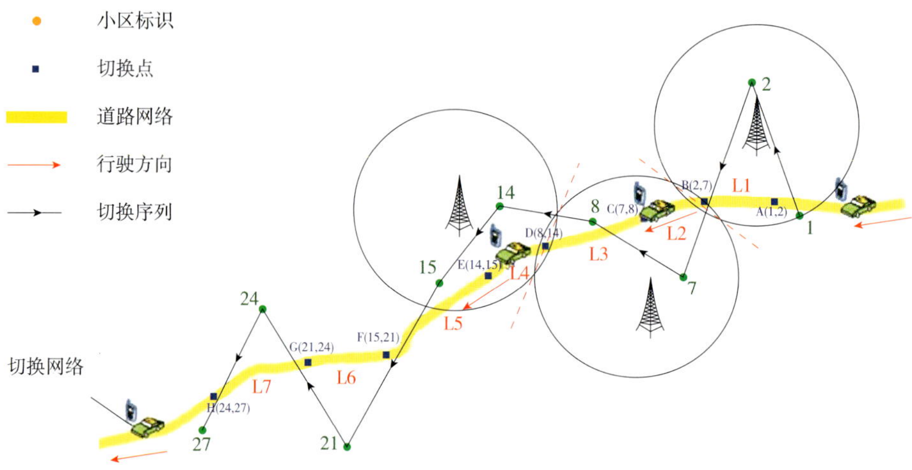

图 2-25 手机信息采集基本原理图

2.5 各种检测技术对比分析

固定式交通信息采集技术主要用于采集交通流参数，包括分车型的流量、平均地点速度、时间占有率、车头时距等，综合地对前述的几种检测方式在实际应用中的优缺点进行比较，如表 2-1 所示。

固定式交通参数检测综合性能对比 表 2-1

技术	优 点	缺 点
环形感应线圈	成熟、易于理解的技术、设备价格便宜； 灵活多变的设计，可满足多种实施状况的需求； 广泛的实践基础； 提供基本的交通参数(如：流量、出现、占有率、速度、车头时距和车辆间隙)	安装和维修需要关闭车道，对交通流造成干扰； 路面翻修和道路设施维修时可能需要重装检测器； 检测特定区域的交通流状况时往往需要多个检测器； 降低道路寿命； 对路面车辆压力和温度敏感； 当车辆类型变化比较大时，精确性会降低； 需要对检测器作定期的维护
地磁检测器	安装容易、不易损坏、价格便宜、检测灵敏度高、时间占有率检测准确、可检测参数多	有时出现误检、材质容易老化、灵敏度会逐年衰减、精度受周围磁性物质影响
微波雷达	在用于交通管理的较短的波长范围内，微波雷达对恶劣天气不敏感； 可实现对车速的直接检测； 可实现多车道检测，检测效率高	天线的波束宽度和发射的波形必须适合具体应用的要求； 多普勒微波雷达不能检测静止车辆； 多普勒微波雷达在交叉口的车辆计数效果不好
超声波	可实现多车道检测； 体积小，易于安装； 检测精度高，全天候工作； 可检测静止车辆； 可检测间距很小的车流	性能随环境温度和气流影响而降低； 易受环境的影响，尤其是大风、暴雨天气； 人或物也会产生反射波，造成误检
红外线	主动式红外线检测器发射多光束的红外线，保证对车辆位置、速度及车辆类型的准确测量； 可实现多车道检测； 多检测区域的被动式红外线传感器可测量车速； 测速精度高，检测速度快	当雾天能见度低于6m，或高吹雪天气时，检测性能会下降； 在大雨、大雪或浓雾天气下，被动式红外线检测器的灵敏度会下降； 可能需要很好的红外线焦平面检测器，也就是要用提高功率、降低可靠性来实现高灵敏度

续上表

技术	优　点	缺　点
视频	多检测区域，可检测多条车道； 易于增加和改变检测区域； 当多个摄像机连接到一个视频处理单元时，可提供更广范围的检测； 可为事故管理提供可视图像； 可提供大量交通管理信息	恶劣的天气，如雾、雨、雪；车辆投射到相邻车道的阴影；交通堵塞；光照水平的变化；车辆与道路的对比度变化；及摄像机镜头上的水迹、盐渍、冰霜和蜘蛛网等都可能影响检测器性能； 为取得车辆出现和速度检测的最佳效果，(在路边安装摄像机的情况下)需将摄像机装于 15 ~ 18m 高度 当需要检测多个检测区域或特殊类型的数据时，视频检测器才会有较高的性价比
遥感图像	信息覆盖面广，能够采集大范围路网上的交通流信息； 可以改变目前道路交通信息采集成本过高的现状	高卫星轨道下不能提供足够分辨率的图像数据，卫星在近地轨道上空仅能提供交通场景的一个快照，或在几分钟内一定区域内获取有限的数据，重返周期至少在 1 天以上； 对于光学传感技术的数据，只有好天气环境下获取的数据才能应用

各种固定式交通信息采集技术可获得的交通参数比较如表 2-2 所示。

固定式交通信息采集技术采集的交通参数　　表 2-2

检测器类型	流量	车速	占有率	车辆分类	其 他 参 数
环形线圈	√	*	√	√	车辆长度
地磁	√	√	√	√	
微波雷达	√	√	√	×	车头时距
超声波	√	*	×	×	
主动红外线	√	√	×	√	
被动红外线	√	√	√	√	排队长度
视频	√	√	√	√	车头时距、密度、车辆长度、排队长度

注：√——直接检测；*——间接检测；×——不能检测。

移动式交通信息采集技术处理部分支持常规的流量、点速度、占有率外，主要支持行程时间和行程车速的采集。基于移动式交通信息采集技术采集的特点进行比较如表 2-3 所示。

移动式采集技术特点比较　　表 2-3

技　术	优　点	缺　点
基于电子标签	数据检测连续性强； 全天候条件工作； 可以提供自动收费功能	必须有足够多车辆安装电子标签； 必须有良好的滤波算法，以消除个别车辆因运行故障引发的数据误差
基于牌照识别	数据检测连续性强； 全天候条件工作； 车辆不需安装其他设备； 可以检测路网所有车辆	检测精度受天气和光源影响较大； 检测精度受汽车牌照的清晰度影响
基于卫星定位	数据检测连续性强； 全天候条件工作	需要足够多装有 GPS 的车辆运行在城市路网； 检测数据通信容易受到电磁干扰； 在城市中的检测精度与 GPS 定位精度有很大关系

续上表

技术	优点	缺点
基于手机辅助定位	可提供城市、高速公路等整个路网的交通信息； 不需要安装高成本的车载设备； 可直接获得速度、行驶方向及行程时间等信息； 投资小，覆盖范围广	实际速率比理论值低； 存在转接时延

各种移动式交通信息采集技术可获得的交通参数比较如表2-4所示。

移动式交通信息采集技术采集的交通参数　　表2-4

采集方法	流量	地点车速	占有率	行程时间	行程车速
基于电子标签	√	×	×	*	*
基于牌照识别	√	×	×	*	*
基于卫星定位	√	√	√	*	*
基于手机辅助定位	√	×	×	*	*

注：√——直接检测；*——间接检测；×——不能检测。

从上述分析比较可知，每种检测方式都有性能和应用上的优势和不足之处，没有任何一种检测器能够完美地单独向系统提供所需要的全部基本交通参数。因此需要从道路网络建设特性和交通的特点出发，结合现有系统的特点和交通综合管理系统的建设来优化选择动态交通信息的采集方式，确定动态交通信息的采集方案。

XIAPIAN
SHIJIAN PIAN

下篇

实践篇

3 江苏智慧高速公路信息采集系统需求分析

本章结合江苏智慧高速公路信息采集系统建设，介绍了信息采集系统需求分析过程，详细说明了江苏智慧高速公路信息采集系统的建设目标、依据准则、建设规划等情况。

3.1 项目概况

交通运输部《公路水路交通信息化"十二五"发展规划》对公路水路交通安全应急、出行服务等方面的信息化提出了建设任务。目前江苏省高速公路形成了一定规模的信息化基础设施，在联网监控、调度指挥、信息服务等方面取得了规模化发展。未来联网运营高速公路里程不断增加，管理覆盖范围不断扩大。现有联网运营管理信息化系统逐渐难以满足不断增长的新需求。需改善既有信息化环境，架构出满足高速公路运营管理、服务和决策需求的，科学合理的信息化系统体系，确保系统互联互通互操作。

信息采集系统是整个信息化系统的重要组成部分，指挥调度、信息服务等业务的开展均需要丰富准确的信息资源，信息采集系统为应用系统提供数据支撑。现有高速公路信息采集系统为信息化发展奠定了良好的基础。随着业务需求的提升，现有信息采集系统在满足精细化、广覆盖的数据需求方面还存在一定差距。本次设计采用多样化交通信息采集技术，构建经济可行化、区域差异化、高解析度、多维全覆盖的信息采集系统。信息采集系统包括路网层采集系统和路段层采集系统两部分，分别从路网和路段两个层面采集信息，采用不同传输方案传至数据中心。采用分阶段发展的策略，从2013年到2015年，逐步推进信息采集系统的建设。将信息采集系统的发展分为三个阶段：重点示范阶段、区域推广阶段、省域全覆盖阶段，每个阶段有相应的建设任务和目标。从示范路段开始，逐步推广到苏南地区、苏北地区，最终实现江苏省全路网的信息采集，为业务应用提供全面、准确、实时的信息。

3.1.1 设计内容

信息采集系统主要包括系统功能、业务模型、系统架构、信息采集的技术指标、通信要求和数据接口设计、软硬件配置选型等内容。路网层采集系统采集信息后，通过提取并经过一系列处理生成相关的交通运营信息，上传至路网综合数据中心；路段层采集系统采集信息后，直接进行传送。

3.1.2 设计依据

《江苏省高速公路营运管理信息化规划研究》(2012)；
中国ITS体系框架；
《公路水路交通运输信息化建设"十二五"发展规划》；
《公路交通突发事件应急预案》；
《全国公路网管理与应急处置平台建设指导意见》；
《公路网运行监测和服务暂行技术要求》；
《高速公路监控技术要求》；
《高速公路通信技术要求》；
《视频安防监控系统技术要求》(GA/T 367—2001)；
《远端图像与环境监控系统技术规范》；
《高速公路交通气象条件等级》(QX/T 111—2010)；
省级公路交通情况调查系统数据指标与基本功能要求(征求意见稿)；
其他相关政策、上位规划以及行业规范与标准。

3.2 设计概要

设计概要从建设目标、建设范围、建设规模三方面展开。信息采集系统采用分阶段发展的策略，不同阶段有不同的建设目标、建设范围和建设规模。

3.2.1 建设目标

采用多样化交通信息采集技术，构建经济可行、区域差异化、高解析度、多维全覆盖的信息采集系统，从路网和路段两个层面采集实时、可靠、准确、全面的信息，为路网综合数据中心的处理、指挥调度平台和公众服务平台的应用提供充分的数据基础。

信息采集系统的发展是一个持续、渐进的过程，采用分阶段发展的策略有利于明确各阶段的任务，逐步推进采集系统的建设。将信息采集系统的发展分为三个阶段：重点示范阶段、区域推广阶段、省域全覆盖阶段，每个阶段有相应的建设任务和目标，见表3-1。从示范路段开始，逐步推广到苏南地区、苏北地区，最终实现江苏省全路网的信息采集。

信息采集系统建设目标　　表3-1

发展阶段	阶段任务和目标
重点示范阶段	在宁沪高速公路、广靖锡澄高速公路、扬子大桥（两路一桥），采用手机信息采集系统、卫星定位系统、收费车辆感知系统实现信息采集
区域推广阶段	加密两路一桥，实现苏南地区信息采集
省域全覆盖阶段	加密苏南地区，实现苏北地区信息采集

1）重点示范阶段

选取宁沪高速公路江苏段、广靖锡澄高速公路、扬子大桥（两路一桥），进行信息采集系统示范性建设，采用手机信息采集系统、卫星定位系统、收费车辆感知系统实现信息的初步采集。以两路一桥作为整个路网的示范路段，近期快速实现整个路网拥堵状态的（红黄绿）展示。针对两路一桥的重点路段，如流量大的路段、事故易发路段和恶劣天气频发路段等加密布设采集设施，重点监控事件多发路段，提高安全性。

通过重点示范阶段的建设，在两路一桥初步建成信息采集系统，实现路网拥堵状态的初步展示，为区域推广和省域全覆盖阶段的建设积累经验。

2）区域推广阶段

该阶段的建设任务分为两方面：一方面在两路一桥原有信息采集系统的基础上进行加密，使两路一桥实现全面的信息采集，作为其他路段的示范；另一方面，对苏南地区的其他路段，逐步开始布设采集设施，实现苏南地区的信息采集、路网状态的初步展示。

推广阶段在充分总结示范阶段建设经验的基础上，对相应建设成果进行完善后的应用。通过推广阶段的建设，两路一桥的信息采集系统基本完备，稳定性与可用性进一步提升，可以支撑数据中心和应用平台各子系统的应用；苏南地区初步建成信息采集系统，实现苏南路网状态的初步展示，为省域全覆盖阶段的建设提供支撑。

3）省域全覆盖阶段

该阶段的建设任务也分为两方面：一方面在苏南地区原有信息采集系统的基础上，针对重点路段进行加密，对易拥堵、事故易发、恶劣天气易发事故路段重点关注；另一方面在苏北地区逐步开始布设采集设施，实现苏北地区的信息采集、路网状态的初步展示。

通过全覆盖阶段的建设，苏南路网的信息采集系统基本完备，稳定性与可用性进一步提升，可以较好地支撑数据中心和应用平台各子系统的应用；苏北地区初步建成信息采集系统，实现苏北路网状态的初步展示。至此，针对不同路段不同区域，采取差异化采集设施布设方案，基本实现全省路网的全覆盖、信息的全面采集、路网状态的展示，为各项应用提供准确、可靠、稳定的数据支撑。

3.2.2 建设范围

本次设计信息采集系统建设的时间覆盖范围主要从2013年到2015年，后续时间会进行进一步的建设；信息采集系统建设的空间覆盖范围主要包括江苏省的全部高速公路，见表3-2。

信息采集系统建设范围　　表3-2

发展阶段	时间	应用地区
重点示范阶段	2013年	宁沪高速公路、 广靖锡澄高速公路、 扬子大桥(两路一桥)
区域推广阶段	2014年	苏南地区，两路一桥
省域全覆盖阶段	2015年	苏北地区，苏南地区

在重点示范阶段(即2013年)，主要建设范围是宁沪高速公路、广靖锡澄高速公路、扬子大桥(两路一桥)。在区域推广阶段，即2014年，主要建设范围是苏南地区的其他高速公路，两路一桥是进一步建设的区域。在省域全覆盖阶段，即2015年，主要建设范围是苏北地区的高速公路，苏南地区高速公路是进一步建设的区域。

3.2.3 建设规模

信息采集系统建设分两部分，路网层采集系统和路段层采集系统。路网层采集系统是从全省路网层面采集信息的系统，主要包括手机信息采集系统、卫星定位信息采集系统和收费车辆感知系统等。路段层采集系统是从路段层面采集信息的系统，包括视频检测器系统、气象检测器系统、交通运输部统一开展的交通情况调查设备采集系统和其他各路桥公司的交调采集系统等。

3.3 系统现状分析

系统现状分析的目的是明确信息采集系统的现状，分析现有问题所在，并提出问题对应的解决思路，为后续设计提供依据。

3.3.1 信息采集系统现状

联网中心及各个路桥公司目前构建了路段信息采集系统、视频监控系统、气象检测系统、事件检测系统等，可以对道路运行状况、温度、能见度、交通事故等信息进行实时采集，实现了全省高速公路联网监控。

1)视频监控系统

路网监控设备布设逐步加密，高速公路重要路段实现了全程监控。视频监控系统可以采集宁沪高速、京沪高速(含扬州西北绕城)、沿江高速、江阴大桥、苏通大桥等共28个路段、大桥的2000多路图像，根据目前网络传输情况可同时上传46路图像至调度指挥中心。目前，高速公路调度指挥中心已经实现了向省交通厅交通应急指挥中心和省公安厅交巡警总队高速公路调度指挥中心传输数据图像。

2) 气象检测系统

气象检测系统共有169个布设于路网的交通气象检测点，可以检测到温度、湿度、风速、雨量、能见度等7个要素，根据这些基本参数生成相应的分析报告，起到预警的作用。

3) 事件检测系统

事件检测系统在重点路段有60套视频事件检测器，对事件信息进行实时感知，保证重点路段事件的及时获知和处理，使其对全路网的影响减至最低。

4) 收费数据

收费数据准确率高，覆盖范围广，历史数据充分，可以作为数据来源进行进一步的分析应用。利用收费数据进行路径推算，根据分车型的交通流数据、超限超载的车辆数据，进行相应的交通管制等。

3.3.2 现状问题分析

现有信息采集方式多为路段层次的采集设施，包括视频、线圈检测器、气象检测器等。由于布设密度较小、维护程度不够、配套软件相对脱节等问题，现有采集设施已逐渐不能满足广覆盖、精细化的数据要求。

各路桥公司均在路段布设有线圈检测器，但由于布设密度较小，获得的数据不足以反映交通运行情况；维护不到位，数据量减小或者准确度下降，目前这些线圈检测器多数处于闲置状态。而布设于收费站附近的线圈检测器由于有应用需求，维护到位，使用情况良好。其他路段层次的采集设施如微波，由于需求、准确度和维护问题没有得到较好的使用。视频检测器作为各个路桥公司指挥调度中心获取信息的重要渠道，使用情况较好。但部分设施使用时间较长，逐渐不能满足要求，需要更新升级；一些路段视频检测器布设密度较小，监控范围有待拓展，不能实现路段视频监控的全面覆盖。路段层次的采集设施存在多方面的限制，逐渐不能满足全面精准的数据要求。

现有路网层面的采集设施较少，路段层次采集设施采集的数据不足以反映整个路网的运行状态，在数据的实时性和全面性方面存在缺陷，亟须引入路网层次的采集系统，丰富路网层次的交通运行信息。

3.3.3 解决思路

现有采集设施多为路段层次的采集设施，路网层面的采集设施较少。因此，一方面需要加强路段层次信息采集系统的建设，充分利用原有采集设施，提高数据精度；另一方面还要增加路网层次的采集设施，如手机和卫星定位系统，实现全路网信息的获取。

路段层次采集系统在原有视频检测器、气象检测器系统的基础上进行加密、更新升级等。交通运输部统一开展的交通情况调查设备采集系统（以下简称交调采集系统）作为路段层采集系统的重要组成部分。另外考虑到各路桥公司的实际需求，后期会继续建设交调采集系统。

路网层采集系统引入手机信息采集系统、卫星定位信息采集系统，并在原有收费数据利用的基础上建成收费车辆感知系统。利用这三个系统，从路网层面采集交通运行数据，经过一定的处理，生成相关参数，为指挥调度和公众服务应用提供数据支撑。

3.4 系统需求分析

信息采集系统需求分析从功能需求、性能需求、数据需求三方面展开。功能需求从指挥调度和公众服务业务出发，阐述信息采集系统要实现的功能。为了更好地实现信息采集系统的功能，提出了实时性、准确性、可靠性、传输与存储方面的性能需求。数据需求描述了实现信息采集系统功能所需要采集到的数据种类。

3.4.1 功能需求分析

信息采集系统是营运管理信息化系统的基础组成部分。实现准确、精细、动态并具有足够覆盖面的信息采集，是实现数据共享融合和进一步处理的基础；是实现交通运行状况评估、路网路段营运态势预测、事故事件预警、应急指挥调度决策等指挥调度业务的基本前提；是实现路线查询、交通信息发布、动态路径诱导等公众出行服务业务的基础支持。

1)指挥调度业务的需求

指挥调度业务需要应用交通量、速度等交通运行数据，能见度等路网环境数据，交通事故事件数据等，通过数据中心的融合处理，评估交通运行状况、预测路网路段营运态势，进行事故事件预警。一旦发生事故事件，还需进行应急指挥调度决策。指挥调度业务的完成必须要有全面、准确、实时的数据支撑。

2)公众服务业务的需求

公众对实时、个性化的信息服务需求日渐增强，路线查询、动态路径诱导等服务的实现取决于全面、准确、实时的信息。获取路网交通运行数据、路网环境数据、事故事件数据后，对数据进行融合，根据不同的交通模型进行相应的处理，生成广大驾乘人员需要的信息，满足公众服务的需求。

3.4.2 性能需求分析

信息采集系统通过采集前端采集数据，将实时采集到的数据经由不同的传输网络传送至路网综合数据中心和路段数据中心，并进行存储。信息采集系统对数据有实时性、准确性、可靠性、传输与存储方面的需求。

1)实时性需求

应用系统需要信息采集系统提供实时的信息，经过处理后，及时为管理人员提供决策支持，为公众提供信息服务。信息采集系统要达到7×24h连续监测，信息更新周期小于5min，数据延时(从采集至提供)小于5min。

2)可靠性需求

信息采集系统设施要维持正常工作，一旦出现问题也要在最短时间恢复，因此要保证系统具有高可靠性，在此前提下，提供的数据也要保证高可靠性。信息采集系统可靠性要达到99.9%。

3)准确性需求

信息采集系统要保证提供的信息准确，只有信息准确，经过融合处理后，才能产生正确的决策和信息服务。信息采集系统常态交通信息和拥堵状态交通信息精度均要大于85%。

4)信息传输需求

联网中心的路网综合数据中心需要及时获知全面的路网信息，因此路网层和部分路段层采集系统获取的数据需直接上传至联网中心。视频数据、交调数据需要先传至路段数据中心，再由路段数据中心传至路网综合数据中心。

5)信息存储需求

信息采集系统采集的数据需要存储后进行进一步的分析挖掘。直接上传至联网中心路网综合数据中心的数据只在本地存储。气象数据、路桥公司交调数据需要在路段数据中心和路网综合数据中心分别存储；视频图像由于量比较大，直接存储在路段数据中心，联网中心根据具体需求调用。

3.4.3 数据需求分析

信息采集系统通过数据采集前端采集数据，将采集到的数据经由不同的传输网络传送至路网综合数据中心。根据营运管理业务对信息化系统功能和数据的需求，采集数据主要分为检测设施数据、交通运行数据、路网环境数据和交通事故事件数据。各类数据具体内容及数据更新周期要求见表 3-3。

检测设施数据采集内容　　表 3-3

数据类型	数据内容
检测设施数据	交调设备的编号、数据采集的时间；卫星定位采集设施的编号、数据采集的时间；气象检测器的编号、数据采集的时间；视频检测器的编号、数据采集的时间；手机终端标识号、所属地信息
交通运行数据	交通流量、平均车速、行程时间、行驶方向、车辆类型、IC 卡/苏通卡编号、驶入驶出高速位置、时间
路网环境数据	能见度、温度、相对湿度、风速、风向、降水量、气压
交通事故事件数据	交通事故、车辆抛锚、货物散落、不正当驾驶、桥梁或道路坍塌、恶劣天气、道路修筑、道路养护

4 江苏智慧高速公路信息采集系统设计

江苏智慧高速公路信息采集系统设计采用多样化交通信息采集技术，构建经济可行化、区域差异化、高解析度、多维全覆盖的信息采集系统，其内容包括手机信息采集系统、卫星定位信息采集系统、收费车辆感应系统、视频监控系统、气象检测系统以及路侧交调采集系统。本章首先对江苏智慧高速公路信息采集系统总体设计进行了详细阐述，其次对每一种检测子系统设计方案进行了详细说明，为高速公信息采集系统设计提供了一个样板工程。

4.1 系统总体设计

4.1.1 设计目标

在充分理解江苏省高速公路营运管理信息化需求和发展要求的基础上，结合国内外最新信息技术发展趋势和各地区信息化发展现状，采用多样化交通信息采集技术，构建经济可行、区域差异化、高解析度、多维全覆盖的信息采集系统。

以道路交通为主要对象，以采集、处理和应用为主线，在江苏省已有道路交通信息采集、处理和应用的基础上，通过整合手机数据、卫星定位数据、收费车辆数据、视频信息、气象信息、路侧交调信息等，扩大采集范围，增加采集内容，提高采集精度，基本建成覆盖全省高速公路路网的信息采集体系。

4.1.2 设计思路

信息采集标准化包括了采集技术的标准化、数据标准化、通信标准化等，通过信息采集标准化，以实现信息共享的便捷化，从而为各独立系统的整合打下基础。

4.1.3 设计依据

《江苏省高速公路营运管理信息化规划研究》(2012)；

中国 ITS 体系框架；

《公路水路交通运输信息化建设“十二五”发展规划》；

《公路安全保护条例》；

《公路交通突发事件应急预案》；

《全国公路网管理与应急处置平台建设指导意见》；

《公路网运行监测和服务暂行技术要求》；

《高速公路监控技术要求》；

《高速公路通信技术要求》；

其他相关政策、上位规划以及行业规范与标准。

4.1.4 逻辑架构

如图 4-1 所示，逻辑架构主要描述信息采集层与路网和路段数据中心之间的关系。信息采集层主要对从数据源获取的原始信息进行感知，并转换为可供进一步分析应用的交通数据，路网和路段的数据中心则根据各自的职能分工，储存上述交通数据。

信息采集系统主要包括六类信息采集方式，根据信息获取的来源和输出交通信息的特点不同，可以分为路网层信息采集方式和路段层信息采集方式。路网层信息采集方式包括手机信令数据采集系统、浮动车卫星定位信息采集系统、收费车辆感知系统，路段层信息采集方式包括视频监控系统、气象检测系统、路侧交调检测系统。路网层采集方式获取的信息以及路段层气象采集系统获取的信息直接传输至路网综合数据中心，通过实时数据交互系统存入实时采集库中。路段层的路侧交调系统、视频监控系统获取的数据则首先传输至路段公司的数据中心，进而根据路网综合数据中心的需求进一步上传或调用。

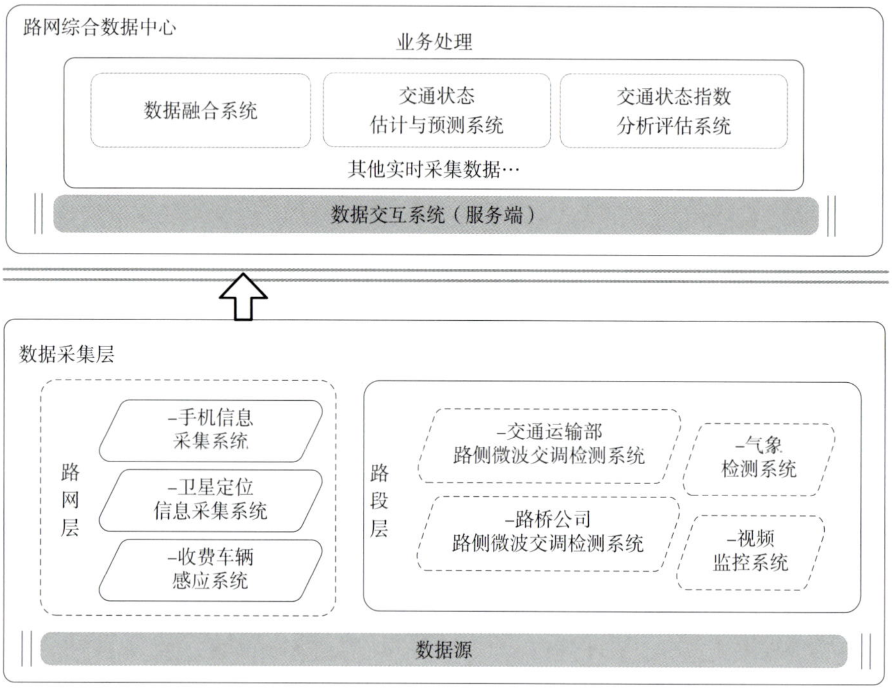

图 4-1　系统逻辑架构图

4.1.5　物理架构

如图 4-2 所示，物理架构主要描述从数据源进行数据采集到最终数据存入数据中心所涉及的实体系统和设备。

路网层的三类采集方式分别从手机运营商、运管部门"两客一危"卫星定位数据、联网中心收费数据库由光纤接入经过过滤处理的信息，过滤过程主要是滤除涉及手机用户、运营车辆、高速公路收费金额等与交通信息提取无关的信息。将过滤后信息接入相应的信息处理服务器，经过分析处理提取出交通参数，最后通过千兆以太网将提取出的交通信息存入路网综合数据中心。气象信息采集系统由省气象局根据路侧气象采集设备的数据，进行分析处理后将气象预报和预警信息上传至路网综合数据中心。路侧交调设备通过将外场感知设备对道路交通流的感知，获取交通流量、速度等参数后，通过数据交换服务器以及骨干通信网将交通数据上传至路段公司数据中心。视频监控系统将视频信号通过公司内部通信网络将视频信号上传至相应的视频存储服务器，路网数据中心可通过骨干通信网络实现对视频信号的访问。

4.1.6　数据流架构

如图 4-3 所示，路网层采集方式获取的信息直接传输至路网综合数据中心，通过实时数据交互系统存入实时采集库中。其中手机信息采集系统存入的信息包括交通状态、交通流量、出行 OD 等信息；卫星定位信息采集系统包括行驶里程、行程时间、交通流量、交通状态、平均行程车速等信息；收费车辆感知系统包括行驶里程、行程事件、评价行程车速、出行 OD 等信息。

气象信息采集系统由气象部门将气象原始数据、预报信息、预警信息直接传输至路网综合数据中心，路段数据中心可对气象信息进行调用。

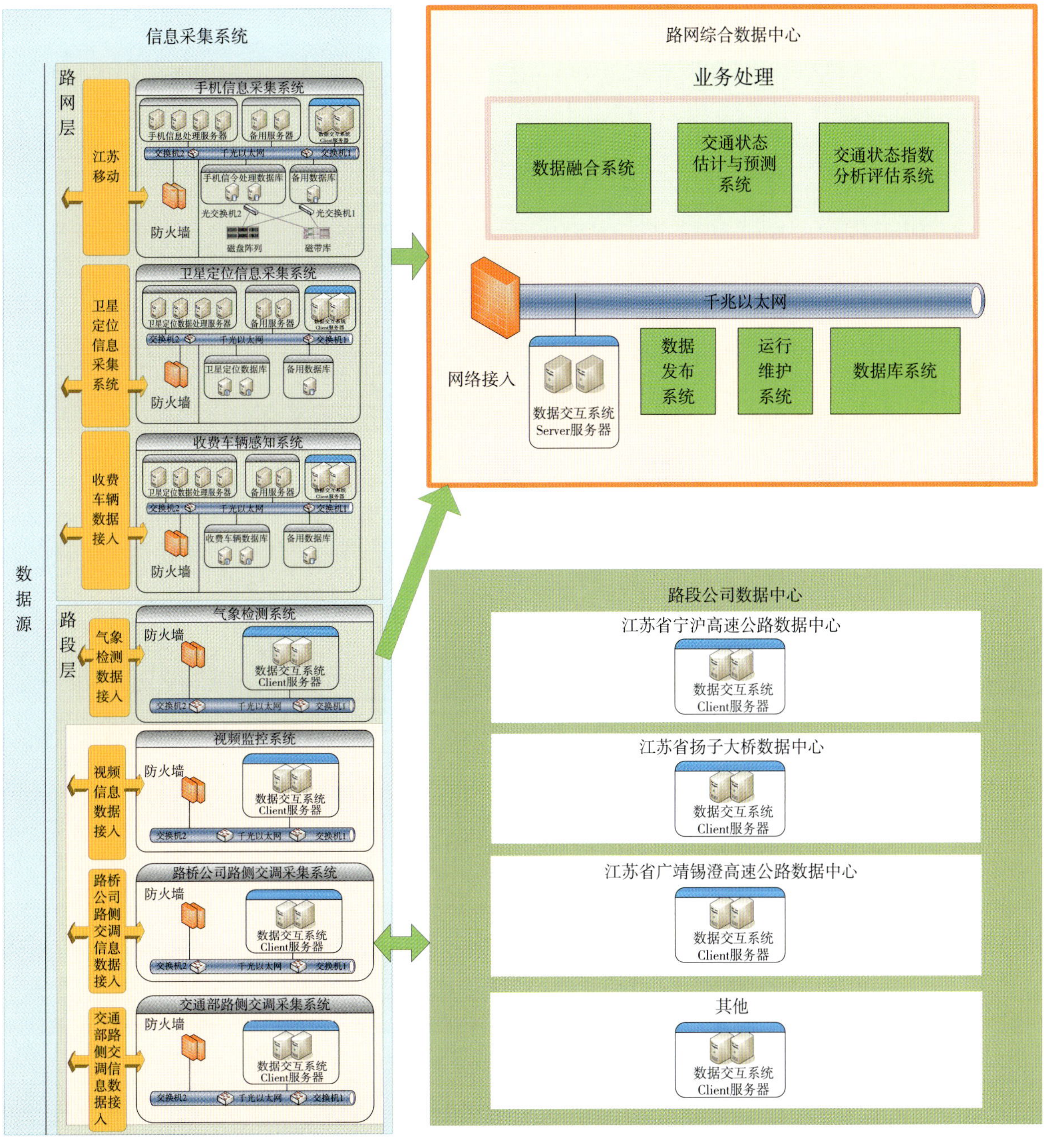
信息采集系统
数据源
路网层
江苏移动
手机信息采集系统
防火墙
卫星定位信息采集系统
卫星定位信息采集系统
收费车辆感知系统
收费车辆数据接入
路段层
气象检测系统
气象检测数据接入
数据交互系统Client服务器
视频监控系统
视频信息数据接入
路桥公司路侧交调采集系统
路桥公司路侧交调信息数据接入
交通部路侧交调采集系统
交通部路侧交调信息数据接入
路网综合数据中心
业务处理
数据融合系统
交通状态估计与预测系统
交通状态指数分析评估系统
千兆以太网
网络接入
数据交互系统Server服务器
数据发布系统
运行维护系统
数据库系统
路段公司数据中心
江苏省宁沪高速公路数据中心
江苏省扬子大桥数据中心
江苏省广靖锡澄高速公路数据中心
其他

图4-2　系统物理架构图

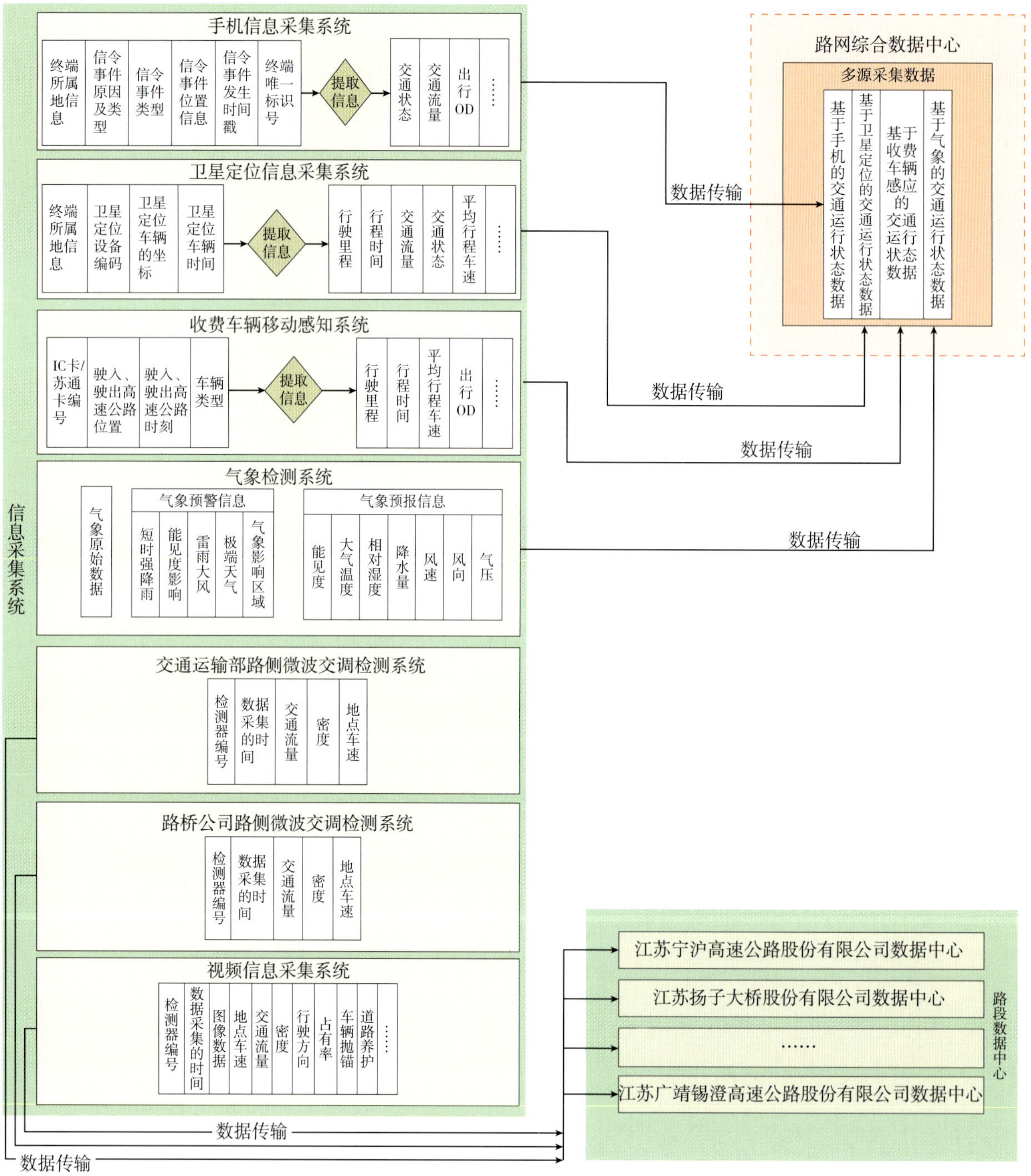

图 4-3　系统数据流架构图

路侧交调系统由交调站将交调设备编号、数据采集时间等级交通流量、密度、地点车速等信息传至路段数据中心，由路段数据中心进一步向路网综合数据中心上传。

视频监控系统由外场视频采集设备将检测器编号，图像数据以及针对图像的分析数据上传至路段数据中心，供路网数据中心进行调用。

路段层的路侧交调系统，视频监控系统获取的数据则首先传输至路段公司的数据中心，进而根据路网综合数据中心的需求进一步上传或调用。

4.2 手机信息采集系统设计

手机信息采集系统是采集手机网络基础数据的一种信息采集系统，通过采集手机原始信令数据，并对数据过滤、分析、计算，结合地图匹配、路径匹配等模型和算法，获得路段的行程速度、行程时间及实时交通状态等信息。该采集系统得到的路况信息将会转换成路网综合数据中心所需的统一编码格式，并进行数据的存储和应用。手机信息数据因其大数据量以及实时性特征，在道路交通状态实时估计及预测方面应用前景广阔。

4.2.1 业务模型

基于手机数据的交通信息采集处理系统业务流程，如图 4-4 所示。

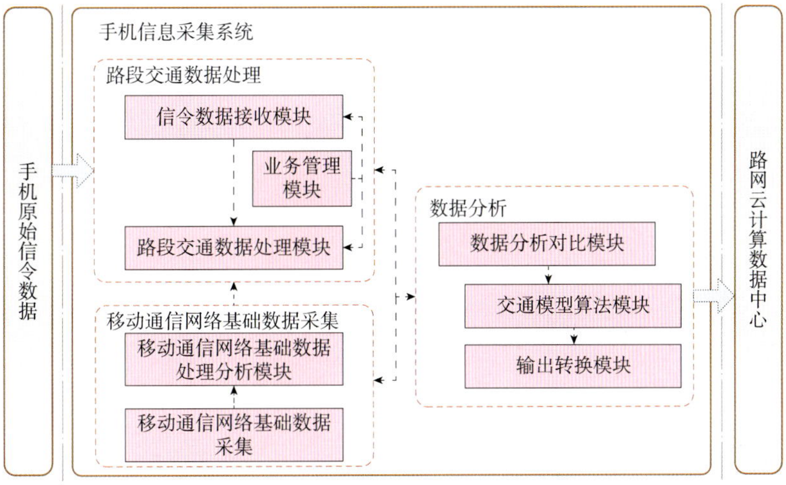

图 4-4 手机信息采集数据业务流程

手机信息采集系统处理业务流程说明如下：

1) 手机原始信令数据采集

手机原始信令数据是基于手机数据的交通信息采集系统的输入数据，通常由移动网络运营商提供，是基于手机数据的交通信息采集的先决条件。

2) 移动通信网络基础数据采集

移动通信网络基础数据采集的目的是采集手机网络的地理信息参数。通过手机外场测试的方式采集手机网络的基础数据，然后利用手机网络基础数据处理分析模块匹配到路网，以获得网络地理信息。

3) 交通数据处理与分析

将采集到的手机信令信息转换成系统输出的行程速度、行程时间以及道路状况信息。该业务接收手机信令数据，并融合手机网络地理信息，经交通模型的算法，过滤、分析、计算上述数据，然后进行地图匹配、路径匹配、识别机动车与非机动车用户等特有模型，最终获得路段的行程速度及行程时间。再通过交通状态判别模块获得路段的实时交通状态。

在经过上述步骤后，将手机交通信息采集系统得到的江苏省高速公路路况信息转换成路网综合数据中心的统一编码格式，并在路网综合数据中心进行数据的存储和应用。

4.2.2 系统功能目标

1)获取移动通信网络基础数据

通过路侧获取覆盖路网区域的移动通信网络基础数据，得到无线通信网络小区覆盖边界信息等数据。

2)获取手机数据

从移动通信系统中获取覆盖路网区域道路的手机原始数据，获取数据特征，包括基站分布、信号强弱水平、信令数据捕获率、手机数据的时间空间分布、数据可信度等。

3)手机数据处理

手机数据预处理主要包括数据过滤、去噪、地图匹配等。

4)处理生成分段行程时间

针对预处理后的手机数据，组织生成道路分段行程时间的各种处理和测试，在获得每个手机的数据样本后，在分析处理周期内，对样本数据进行统计分析，得到路段上分段的平均行程车速和平均行程时间。对于生成分段行程时间信息的处理，主要有以下功能要求：

(1)基于 GIS 对所覆盖道路进行分段。

作为信息处理的基本单位，道路分段需要考虑以下因素：

①道路平面交叉口、立交、上下匝道、收费口等道路网的交通物理节点位置；

②道路布设的固定检测器的交通信息采集断面；

③道路的交通冲突位置。

(2)处理生成分段行程时间信息。

按照分段要求，处理生成分段行程时间信息，其中包括分段的行程时间信息、分段的交通状态信息。

5)维护道路 GIS 数据

为完成道路分段行程时间的各种处理，需要提供路侧数据、手机数据以及应用于路网综合数据中心的标准 GIS 数据之间的映射关系。

4.2.3 系统功能设计

基于手机数据的交通信息采集系统有以下处理模块：

1)移动通信系统手机数据获取模块的功能

依据特定接口协议，从通信运营商处获取手机信令数据的功能模块，具体包括数据接收模块、基站数据处理模块、数据计算模块、数据汇总筛选及合并模块、参数配置模块、系统管理模块、集群模块等。各模块功能要求如表 4-1 所示。

移动通信系统手机数据获取模块的功能要求 表 4-1

功能编号	功能名称	功能描述
F1	数据接收模块	从移动运营商处获取由运营商所提供的信令数据。要求实现如下功能： (1)对信令数据进行逐行解析，对于异常事件或记录生成异常状态报告，并自动生成日志报给移动运营商的指定服务器。要求在 10s 以内完成数据的解析，数据要求接收的正确性达到 100%。

续上表

功能编号	功 能 名 称	功 能 描 述
F1	数据接收模块	(2)移动提供主/备信令数据接口服务器。接收模块需要支持对移动提供的主/备节点上的数据进行获取，当主节点出现异常时，可以自动切换到备用主机获取数据，需要保证数据接收的100%正确。当监测到主/备数据不一致时，需要自动生成告警日志文件，并发送给移动的服务器，要求在10s内完成数据的接收。 (3)接收模块同时也需要支持自身的高可用性。当某个接收模块出现问题时，可以自动启动另一个接收进程进行数据获取，保证数据获取不中断
F2	基站数据处理模块	基站数据获取后必须要进行同步的处理。要求实现如下功能： (1)对数据接收模块的数据进行二次核对，并对不能满足手机信令模型和规则要求的异常数据进行智能修复、补偿或剔除。 (2)根据实时获取的数据进行动态容错，除杂等处理，并动态生成基站拓扑。要求动态拓扑自动滚动生成，每次全路网的拓扑生成要求在20s内完成。 (3)要求系统按时段对数据进行连续监测，检查用户数据的时间和空间的关联性是否有异常，对异常数据自动生成实时预警报告，并自动提交给移动相关系统
F3	数据计算模块	各计算节点实现对交通状态的计算。要求实现如下功能： (1)支持负载均衡，当需要处理的数据量增加时，只要动态增加计算节点即可以实现计算能力的扩展。 (2)支持主机的热部署，支持动态的主机增加和减少。 (3)支持动态故障隔离功能。当某一节点出现故障时，该故障不会扩散到其他节点。 (4)要求每个节点的计算任务必须在60s以内完成
F4	数据汇总筛选及合并模块	对数据进行汇总，并筛选出符合系统需要的数据，最后进行合并。要求实现如下功能： (1)汇总节点支持高可用性集群。当某一汇总节点出现故障时，另一个汇总节点将自动接管工作。 (2)汇总节点要求具备对数据计算模块进行协调的能力。当某个数据计算模块出现异常时，自动剔除该节点。 (3)数据汇总节点要求在各计算节点的时钟进行同步。 (4)数据汇总节点要求在90s内完成任务
F5	参数配置模块	系统参数配置子系统是将系统内核提供一个接口，对系统进行参数配置。要求实现如下功能： (1)参数配置完成后，需要在一个周期后生效。 (2)参数配置修改后，不能影响现有周期的运行。 (3)具备设置某些参数定时生效的功能
F6	系统管理模块	系统管理子系统是系统核心组成部分，为其他各子系统提供强大的功能支持。要求实现如下功能： (1)包含用户登录和验证功能。 (2)包含用户日志功能。 (3)包含用户审计功能。 (4)包含界面可视化管理配置功能
F7	集群模块	实现将子系统服务器集中起来一起进行并行计算及互相备份的功能。要求实现如下功能： (1)支持程序包的动态部署功能。 (2)支持主机的动态增加和减少。 (3)支持动态的集群参数配置。 (4)支持集群的定时器管理

2）手机数据预处理模块的功能

手机数据预处理模块的功能，需要把从移动通信系统的信令平台获取的手机数据去除无用冗余的原始信令数据，获取有用的手机信令数据，以供后续对道路交通信息分析并应用，这部分包括无线信号网络基础数据采集和处理等功能模块。各功能要求具体如表4-2所示。

手机数据预处理模块的功能要求　　表4-2

功能编号	功能名称	功能描述
F1	无线信号网络基础数据采集和处理模块	对无线信号网络基础数据进行采集，并对数据进行初步处理的过程。要求实现如下功能： (1)对江苏省高速公路无线信号网络的测试；测试至少每季度一次。 (2)对测试后的数据进行分析和处理；构建无线网络拓扑。 (3)每日对无线信号网络进行采样分析；当出现异常情况时，需要进行补充路测
F2	GIS编码转化模块	保证数据在入库时内容上的完整性，逻辑上的一致性。方法主要有数据编辑与处理、错误修正；数据格式转化，包括：矢量、栅格转化、不同数据格式转化等
F3	数据分析模块	数据预处理分析是对数据进行分析，以求最大化地开发数据资料，发挥数据的作用。要求实现如下功能： (1)支持对超过300G的文本文件在内存中的分析；分析时间需要少于20s。 (2)支持集群式的数据分析功能。当需要分析的数据量增加时，只需要动态增加分析主机。 (3)支持数据分析异常隔离功能。 (4)支持数据分析节点异常时，数据分析任务自动接管功能
F4	状态标定及输出模块	对数据状态进行标定，并最终进行输出。要求实现如下功能： (1)要求对全江苏高速公路数据在20s以内完成标定。 (2)支持多种状态标定算法。 (3)支持在多计算节点状态下的状态标定
F5	数据源质量分析统计模块	由于数据源提交的数据不能完全被系统使用，必须进行先期分析，判断数据源质量。要求实现如下功能： (1)要求系统每周期自动对数据源进行分析。 (2)每天需要出统计报表。 (3)需要支持从时间和空间两个纬度进行分析
F6	日志管理模块	系统日志是记录系统中硬件、软件和系统问题的信息，同时还可以监视系统中发生的事件。要求如下功能： (1)支持日志级别设置。 (2)支持日志多通道发送。 (3)支持日志查询。 (4)要求日志写入延迟小于100ms。 (5)支持日志的动态备份
F7	数据接口管理软件	数据接口就是进行数据传输时向数据连接线输出数据的接口。要求实现如下功能： (1)数据接口需要支持数据库、文本和xml方式。 (2)需要提供数据传输的完整日志。 (3)支持数据接口的高可用性。当某一接口服务器出现故障时，任务自动由另一台主机接管
F8	监控告警管理软件	对系统进行24h全天候监控，遇到故障告警，保障系统正常运行。要求实现如下功能： (1)支持SNMP、数据库表、日志文件等多种方式的告警。 (2)告警时延要求小于200ms。 (3)告警信息自动备份功能。 (4)支持告警信息分级

3）机动车与非机动车数据区分的功能

获取的手机信令数据涵盖所有手机用户。为了区分行人、机动车以及非机动车手机用户，设立数据区分功能模块。该模块利用行人、机动车及非机动车不同信令特征，按照聚类方法可以将手机数据中这三类群体数据进行筛选、区分，以满足后续道路交通信息处理的要求。

4）手机数据地图匹配的功能

在经过手机数据预处理及机动车数据过滤后，需要将每个手机用户的一系列信令事件信息通过处理，定位至实际道路网，结合道路信息，辨别出手机用户最可能处于的路段及位置。该地图匹配算法主要包括三个处理过程，即确定误差区域、选取匹配路段和计算修正结果。

（1）确定误差区域。误差区域是指可能包括车辆真实位置的区域范围，一般视定位结果和误差情况确定。可以根据概率准则定义误差区域，即误差区域必须以一定的概率包含车辆的实际位置。最常用的方法是用误差椭圆确定其误差区域。确定好误差区域后便可以从地图数据库中选取候选匹配道路的信息，误差区域内的道路称为候选路段。

（2）选定匹配路段。该过程是从候选路段中挑选最有可能的车辆行驶路段。挑选的原则依据具体的算法设计而不同，通常的标准是电子地图中的道路形状和车辆轨迹的相似程度。常规的算法有半确定算法、基于概率统计的地图匹配、基于模糊逻辑的地图匹配等。

（3）计算修正结果。确定匹配路段后，计算车辆在该路段中最可能的位置，并用结果修正原有的定位输出。

5）处理生成分段行程时间模块的功能

针对预处理后的手机数据，处理生成路网道路分段行程时间与行程车速。

对于生成分段行程时间信息的处理，需要有如表4-3所示的功能。

处理生成分段行程时间模块功能要求 表4-3

功能编号	功能名称	功能描述
F1	覆盖道路进行分段	基于GIS对所覆盖道路进行分段，作为信息处理的基本单位。要求实现如下功能： （1）道路分段方式体现； （2）分段需要考虑立交、上下匝道、收费口、服务区等道路网的交通物理节点位置
F2	交通状态信息模块	按照分段要求，处理生成分段交通状态信息，例如行程时间信息等。要求实现如下功能： （1）需要有分段的行程时间实测信息和分段的交通状态信息； （2）对于处理生成的交通状态信息，需要考虑交通状态信息更新周期造成的时延影响

6）实时路况处理生成模块的功能

对实时路网道路交通运行信息的处理，需要采用以下相关的处理模型：

（1）交通流参数模型。

交通流量、交通速度、交通密度是交通流三个最重要的参数。

①交通流量：简称流量，又称交通量，在特定时间段内通过道路上某一地点的车辆或行人数。一般以小时计、日计或年计。

②交通密度：在单位长度（通常为1km）路段上，一个车道上某一瞬间的车辆数。

③瞬时车速：亦称地点车速，是车辆通过道路某一地点时的车速。

④时间平均车速：道路上某一断面车速分布的平均值，即断面上各车辆的地点车速的算术平均值。

⑤空间平均车速：在给定的路段上，在同一瞬间，车速分布的平均值。

交通流三参数之间的基本关系式为：

$$Q = Kv \tag{4-1}$$

式中：Q——流量(辆/h)；

v——速度(空间平均速度)(km/h)；

K——密度(辆/km)。

(2)跟车模型。

跟车理论是运用动力学方法，研究在无法超车的单一车道上车辆列队行驶时，后车跟随前车的行驶状态，并且借数学模式表达，加以分析阐明的一种理论。跟车理论的一个主要目的是试图通过观测各个车辆逐一跟驶的方式来了解单车道交通流的特性，以便在稠密交通时使追尾事故降到最低限度。

(3)平均行程车速计算模型。

对于如图4-5所示的路段实时交通状态信息，使用路段平均行程车速来描述，定义为路段上所有车辆在时间段 t 内在路段区间行驶距离之和与行驶时间的比值。

计算公式如下：

$$v(t,\ s)=\frac{\sum_i d(t,\ s)}{\sum_i tt(t,\ s)} \tag{4-2}$$

式中：$v(t,\ s)$——路段 s 的平均行程车速(m/s)；

$d(t,\ s)$——车辆在时间段 t 内的行驶距离；

$tt(t,\ s)$——车辆在路段 s、时间段 t 内的行驶时间(s)。

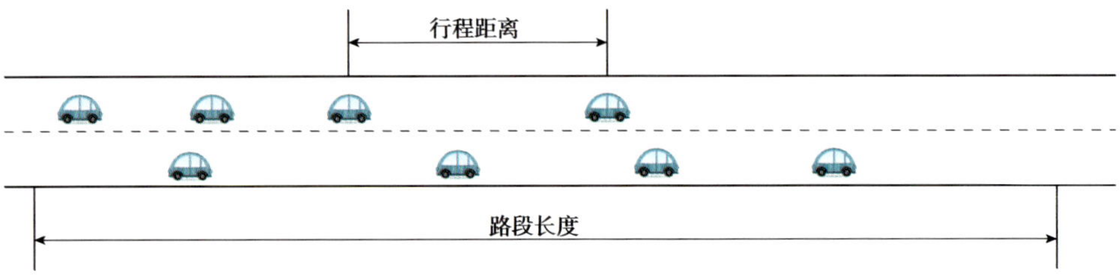

图4-5　路段实时交通状态

7)维护道路GIS数据模块的功能

GIS数据需求方面，手机数据处理需要的GIS数据与江苏省高速公路联网中心的统一要求一致，并能够保持同步。通过对GIS数据的维护，建立与江苏省高速公路联网中心GIS数据维护管理协调一致的GIS数据维护管理子系统。

8)系统管理软件功能要求

系统管理软件需要实现手机交通信息处理子系统统一的用户、设备以及系统配置参数管理及系统运行状态监控等功能。具体要求见表4-4。

系统管理软件功能要求　　表4-4

功能编号	功能名称	功能描述
F1	用户管理	对用户进行名称、密码、权限管理。要求实现如下功能： (1)进行用户添加； (2)进行用户修改； (3)进行用户删除等
F2	系统运行参数管理	管理系统软件运行所需的各种配置参数。要求实现如下功能： (1)系统运行参数添加； (2)系统运行参数修改； (3)系统运行参数删除等

续上表

功能编号	功能名称	功能描述
F3	日志查询	可以对系统软件运行的日志记录进行查询、导出。要求实现如下功能： (1)操作日志查询模块； (2)系统运行日志管理模块
F4	监控功能	可以对系统的运行状态等信息进行查看与监控。对系统进行24h全天候监控，遇到故障告警，保障系统正常运行。要求实现如下功能： (1)支持SNMP、数据库表、日志文件等多种方式的告警； (2)告警时延要求小于200ms； (3)告警信息自动备份功能； (4)支持告警信息分级

9)数据传输模块的功能要求

手机数据处理系统对通信和数据传输的要求，须与手机信令采集平台保持一致。

由于手机数据来自运营商的手机信令采集平台，所以必须保证手机信令采集平台与手机数据处理系统之间通信的可靠性和安全性，因此需考虑手机数据处理系统设备部署放置的位置、传输线路备份策略与网络设备架构，保证数据通信的实时性和带宽要求。

10)数据存储模块的功能要求

手机数据存储模块的功能要求需保证数据的安全性以及分担系统各部分的存储压力。

11)模块本地化工作(研发、算法设计、软件升级开发、软件测试)功能要求

模块本地化子系统需要包括：无线信号网络基础数据采集和处理模块本地化升级、数据接收模块本地化升级、基站数据处理模块本地化升级、数据计算模块本地化升级、数据汇总筛选及合并模块本地化升级、参数配置模块本地化升级、集群模块本地化升级、数据分析模块本地化升级、状态标定及输出模块本地化升级、数据源质量分析统计模块本地化升级等功能，具体见表4-5。

模块本地化工作功能要求 表4-5

功能编号	功能名称	功能描述
F1	无线信号网络基础数据采集和处理模块本地化升级	对无线信号网络基础数据进行采集，并对数据进行初步处理的过程进行升级
F2	数据接收模块本地化升级	对数据接收模块进行升级。要求实现如下功能： (1)对信令数据进行解析的升级； (2)接收模块需要支持对移动提供的主/备节点上的数据进行获取升级； (3)接收模块同时也需要支持自身的高可用性的升级
F3	基站数据处理模块本地化升级	对基站数据输入后进行的处理模块进行本地化升级。要求实现如下功能： (1)实现对基站拓扑的动态生成升级； (2)实现对基站异常数据的捕获升级； (3)实现对基站不同时点的差异分析升级
F4	数据计算模块本地化升级	对基础信令数据计算进行升级。要求实现如下功能： (1)支持负载均衡升级； (2)支持主机的热部署升级； (3)支持动态故障隔离功能升级； (4)要求每个节点的计算任务升级

续上表

功能编号	功 能 名 称	功 能 描 述
F5	数据汇总筛选及合并模块本地化升级	对数据进行汇总，并筛选出符合系统需要的数据，最后进行合并模块进行升级。要求实现如下功能： (1)汇总节点支持高可用性集群升级； (2)汇总节点要求具备对数据计算模块进行协调的能力升级； (3)数据汇总节点要求在各计算节点的时钟进行同步升级； (4)数据汇总节点升级
F6	参数配置模块本地化升级	系统参数配置子系统是为系统内核提供一个接口，并对系统进行参数配置。并对此系统进行升级。要求实现如下功能： (1)参数配置完成后升级； (2)参数配置修改后，不能影响现有周期的运行； (3)具备设置某些参数定时生效的功能升级
F7	集群模块本地化升级	实现将子系统服务器集中起来一起进行并行计算及互相备份的功能，并对集群模块进行升级操作。要求实现如下功能： (1)支持程序包的动态部署功能升级； (2)支持主机的动态增加和减少升级； (3)支持动态的集群参数配置升级； (4)支持集群的定时器管理升级
F8	数据分析模块本地化升级	数据预处理分析是对数据进行分析，以求最大化地开发数据资料的功能，发挥数据的作用。对此模块进行升级
F9	状态标定及输出模块本地化升级	对数据状态进行标定，并最终进行输出。对此模块进行升级。要求实现如下功能： (1)要求对全江苏高速公路数据在20s以内完成标定升级； (2)支持多种状态标定算法升级； (3)支持在多计算节点状态下的状态标定升级
F10	数据源质量分析统计模块本地化升级	对数据进行汇总，并筛选出符合系统需要的数据，最后进行合并。对此模块进行升级。要求实现如下功能： (1)要求系统每周期自动对数据源进行分析功能的升级； (2)每天需要出统计报表功能的升级； (3)需要支持从时间和空间两纬度进行分析功能的升级

12)手机数据状态评估子系统

手机数据状态评估子系统负责完成对手机数据预处理后的状态数据进行评估分析，以判断接入手机数据状态数据的质量情况，为后续状态估计提供数据支撑。

手机数据状态评估子系统的具体功能要求如表4-6所示。

手机数据状态评估子系统功能要求 表4-6

功能编号	功 能 名 称	功 能 描 述
F1	手机数据基准状态获取功能	实现获取待评估分析对象所对应的手机数据基准状态数据功能，要求实现如下功能： (1)手机数据基准状态标定模块； (2)手机数据基准状态获取模块

续上表

功能编号	功能名称	功能描述
F2	手机数据状态匹配计算功能	实现将待评估分析状态数据与基准数据间的时间与空间颗粒度进行匹配对应计算的功能，要求实现如下功能： (1)不同时间数据匹配； (2)不同空间数据匹配； (3)不同指标对象的数据匹配
F3	手机数据状态评估功能	实现待评估分析状态与基准状态的对比评估分析功能。要求实现如下功能： (1)建立手机数据状态评价标准和模型，支持指数评价功能； (2)评估有效性和正确性达95%以上
F4	集群功能	实现将子系统服务器集中起来一起进行并行计算及互相备份的功能。要求实现如下功能： (1)支持程序包的动态部署功能； (2)支持主机的动态增加和减少； (3)支持动态的集群参数配置； (4)支持集群的定时器管理

13)手机数据状态估计子系统

手机数据状态估计子系统负责实现当前道路交通状态的估计功能，对状态评估后质量满足要求的数据采用状态估计算法进行处理，生成统一表达的实时道路交通状态数据。

子系统的具体功能要求如表4-7所示。

手机数据状态估计子系统功能要求 表4-7

功能编号	功能名称	功能描述
F1	手机数据基准状态获取功能	实现获取待评估分析对象所对应的手机数据基准状态数据功能，要求实现如下功能： (1)手机数据基准状态标定模块； (2)手机数据基准状态获取模块
F2	手机数据状态匹配计算功能	实现将待评估分析状态数据与基准数据间的时间与空间颗粒度进行匹配对应计算的功能，要求实现如下功能： (1)不同时间数据匹配； (2)不同空间数据匹配； (3)不同指标对象的数据匹配
F3	手机数据状态评估功能	实现待评估分析状态与基准状态的对比评估分析功能，要求实现如下功能： (1)建立手机数据状态评价标准和模型，支持指数评价功能； (2)评估有效性和正确性达95%以上
F4	集群功能	实现将子系统服务器集中起来一起进行并行计算及互相备份的功能，要求实现如下功能： (1)支持程序包的动态部署功能； (2)支持主机的动态增加和减少； (3)支持动态的集群参数配置； (4)支持集群的定时器管理

手机数据交通状态估计子系统所使用的算法，需要满足采用卡尔曼滤波算法与模型的要求：

路段行程车速具有自相关性。自相关是指一个时间序列，其在 k 时刻的值与 k 时刻之前变量的值之间存在一定的相关性。短时路段行程时间估计与预测可以根据前几个时段的路段行程时间的数值和关系确定。

Kalman 滤波是一种统计估算方法，通过处理一系列带有误差的实际测量数据而得到需要的估计值。

设路段的速度估计模型为：

$$V_k = aV_{k-1} + \omega_{k-1} \tag{4-3}$$

式中：k——时间；

a——待定系数；

ω_k——动态噪声。

称方程(4-3)为估计的状态方程。由于 Kalman 滤波是根据观测数据来进行估计，所以除了状态方程而外，还要引入量测方程：

$$Z_k = hV_k + \eta_k \tag{4-4}$$

式中：h——待定系数；

η_k——量测噪声。

量测方程给出了观测数据与待估计变量之间的对应关系。

通常假定动态噪声 ω_k 和量测噪声 η_k 为相互独立、均值为零、方差分别为 Q 和 R 的白噪声。

利用 Kalman 滤波来估计行程速度的步骤如下：

步骤 1：确定初始值：$\hat{V}_0$ 和 P_0；

步骤 2：确定时间向前估计状态变量及其误差方差：$\hat{V}_k^- = a\hat{V}_{k-1}$，$P_k^- = a^2P_{k-1} + Q$；

步骤 3：计算 Kalman 增益：$K_k = \dfrac{P_k^- h}{h^2P_k^- + R}$；

步骤 4：根据观测变量 z_k 更新估计及其误差方差：$\hat{V}_k = \hat{V}_k^- + K_k(z_k - h\hat{V}_k^-)$，$P_k = (1 - K_kh)P_k^-$；

步骤 5：返回步骤 2，继续计算。

14）手机数据状态预测子系统

在处理生成当前实时路况的基础上，需要对未来短期内(15～30min)的路况信息进行预测处理，以满足交通信息发布预报的需求。手机数据状态预测子系统的实现基于当前手机信息数据、道路交通估计状态、历史交通状态、气象信息等其他数据，根据特定状态预测算法，对高速公路网短期及中期交通状态进行预测的结果。

子系统的具体功能要求如表 4-8 所示。

状态预测子系统功能要求 表 4-8

功能编号	功能名称	功能描述
F1	手机数据匹配模块	实现将评估后的状态数据根据统一的时间与空间规格要求进行匹配的功能，要求实现如下功能： (1)不同时间数据匹配； (2)不同空间数据匹配； (3)不同指标对象的数据匹配
F2	手机状态数据计算模块	实现对统一规格的状态数据根据后续估计算法要求进行处理计算的功能。要求实现如下功能： (1)构建状态计算模型； (2)计算模型稳定性和有效性验证； (3)计算状态数据

续上表

功能编号	功能名称	功能描述
F3	手机数据状态预测模块	根据特定的状态预测算法对未来短期交通状态进行预测处理的功能。要求实现如下功能： (1)建立手机状态评价标准和模型，支持状态评价功能； (2)评估有效性和正确性达95%以上
F4	集群模块	实现将子系统服务器集中起来一起进行并行计算及互相备份的功能。要求实现如下功能： (1)支持程序包的动态部署功能； (2)支持主机的动态增加和减少； (3)支持动态的集群参数配置； (4)支持集群的定时器管理

短期与中期道路交通信息的预测处理，需要满足如下处理算法与模型的要求：

(1)简单移动平均法。

设时间序列为 $z_1, z_2, \cdots, z_t, \cdots$ 简单移动平均公式为：

$$M_t = \frac{z_t + z_{t-1} + \cdots + z_{t-N+1}}{N}, \quad t \leqslant N \tag{4-5}$$

式中：M_t——t 期移动平均数；

N——移动平均的项数。

当 t 向前移动一个时期，就增加一个新近数据，去掉一个远期数据，得到一个新的平均数。其递推公式如下：

$$M_{t-1} = \frac{z_{t-1} + z_{t-2} + \cdots + z_{t-N}}{N} \tag{4-6}$$

$$M_t = \frac{z_t}{N} + \frac{z_{t-1} + z_{t-2} + \cdots + z_{t-N+1} + z_{t-N}}{N} - \frac{z_{t-N}}{N} \tag{4-7}$$

$$M_t = M_{t-1} + \frac{z_t - z_{t-N}}{N} \tag{4-8}$$

当 N 较大时，利用递推公式可以减少计算量。移动平均可以平滑数据，消除周期变动和不规则变动的影响，使长期趋势显示出来，因而可以用于预测。

预测模型为：$\hat{z}_{t+1} = M_t$，即以第 t 期的移动平均数作为第 $t+1$ 期的预测值。

(2)一次指数平滑法。

①预测模型。

一次指数平滑法是在移动平均法的基础上改进得来的，其递推公式为：

$$S'_t = \alpha Z_t + (1-\alpha) S'_{t-1} \tag{4-9}$$

式中：S'_t——一次指数平滑值；

α——加权系数，且 $0 < \alpha < 1$。

将公式依次展开可以得到：

$$\begin{aligned} S'_t &= \alpha z_t + (1-\alpha)[\alpha z_{t-1} + (1-\alpha) S'_{t-2}] \\ &= \alpha z_t + \alpha(1-\alpha) z_{t-1} + (1-\alpha) S'_{t-2} \end{aligned} \tag{4-10}$$

$$\begin{aligned} M &= \alpha z_t + \alpha(1-\alpha) z_{t-1} + \alpha(1-\alpha)^2 z_{t-2} + (1-\alpha)^3 S'_{t-3} \\ &= \alpha \sum_{j=0}^{t-1} (1-\alpha)^j z_{t-j} + (1-\alpha)^t S'_0 \end{aligned} \tag{4-11}$$

由于 $0 < \alpha < 1$，所以当 $t \to \infty$ 时，$(1-\alpha)^t \to \infty$，于是

$$S_t^{(1)} = \alpha \sum_{j=0}^{t-1} (1-\alpha)^j z_{t-j} \tag{4-12}$$

由此可见，$S_t^{(1)}$ 实际上是 $z_t, z_{t-1}, \cdots, z_{t-j}, \cdots$ 的加权平均。加权平均系数分别按几何级数衰减，越近的数据权数越大，越远的数据权数越小，且权数之和 $\alpha\sum_{j=0}^{\infty}(1-\alpha)^j=1$。根据一次指数平滑法得到的预测模型为：

$$\hat{z}_{t+1}=S_t^{(1)}=\alpha z_t+(1-\alpha)\hat{z}_t \tag{4-13}$$

②加权系数的选择。

将上面的预测公式改写成下面的形式：

$$\hat{z}_{t+1}=\hat{z}_t+\alpha(z_t+\hat{z}_t) \tag{4-14}$$

则可以看出，预测值是根据预测误差对原预测值进行修正得到的。α 的大小体现了修正的幅度，α 越大，修正的幅度越大；α 越小，修正的幅度也越小。因此 α 值既代表预测模型对时间序列数据变化的反应速度，同时，又决定预测模型修正误差的能力。

若取 $\alpha=0$，则 $\hat{z}_{t+1}=\hat{z}_t$，即下期预测值就等于本期预测值，在预测过程中不考虑任何新信息；

若取 $\alpha=1$，则 $\hat{z}_{t+1}=z_t$，即下期预测值就等于本期观测值，完全不相信过去的信息。

以上两种情况都很难做出正确的预测，因此 α 值应根据时间序列的具体性质在 0 ~ 1 之间进行选择，具体如何选择一般可遵循下列原则：

a. 如果时间序列的波动不大，比较平稳，则 α 应该取小一点，以减少修正幅度，使预测模型能包含较长时间序列的信息。

b. 如果时间序列具有迅速而明显的变动倾向，则 α 应该大一点，使预测模型的灵敏度更高些，以便迅速跟上时间序列的变化。

③初始值的确定。

初始值是由预测者估计或指定的，当时间序列的数据较多时，初始值对以后的预测值影响较小，可以选用第一期的数据为初始值；如果时间序列的数据较少，初始值对以后预测值影响很大，这时一般以最初几期的实际值的平均值作为初始值。

(3)二次指数平滑法。

当时间序列的变动出现直线趋势时，用一次指数平滑法进行预测仍存在明显的滞后偏差，必须加以修正。修正的方法与趋势移动平均法相同，再作二次指数平滑，利用滞后偏差的规律来建立直线趋势模型，即二次指数平滑法。

设时间序列 $z_t(t=1,2,\cdots,n)$，其预测算法为

$$\hat{z}_{t+m}=a_t+b_t m \tag{4-15}$$

其中：

$$a_t=S_t+(S_t'-S_t'')=2S_t'-S_t''$$

$$b_t=\frac{\alpha}{1-\alpha}(S_t'-S_t'')$$

$$S_t'=\alpha x_t+(1-\alpha)S_{t-1}$$

$$S_t''=\alpha S_t+(1-\alpha)S_{t-1}''$$

式中：S_t'——一次指数平滑值；

S_t''——二次指数平滑值；

m——预测的超前期数；

α——加权系数，且 $0<\alpha<1$。

15)手机数据源网络变动运营维护功能要求

手机数据源网络变动运营维护需要具有根据手机网络变动来随时进行修正和维护的功能，该功能需要包括主动告知、被动检测、调整通知、运行处理、问题分析等模块。具体如表 4-9 所示。

手机数据源网络变动运营维护功能要求　　表4-9

功能编号	功 能 名 称	功 能 描 述
F1	主动告知	江苏移动公司提供各高速公路手机网络变动区域列表及变动时间。要求实现如下功能： (1)江苏移动公司在高速公路手机网络变动时，应该在变动当时提供变动区域列表； (2)应该同时提供变动时间
F2	被动检测	中标人需要对手机信令网络被动检测，要求实现如下功能： (1)手机原始信令数据的监控检测系统对手机网络数据进行24h不间断监控与分析； (2)手机网络发生重大的改变，监控模型会有异常输入数据，产生告警机制； (3)确定影响的路段范围，作为补充路测计划的依据
F3	调整通知	中标人需要在手机信令网络变动后及时进行相应的响应机制。要求实现如下功能： (1)信息下达，将手机信令网络变动下达到运营维护部； (2)运营维护部员工接到手机网络调整通知后，根据不同的突变情况制定相应的应对策略
F4	运行处理	中标人进入实施阶段后，要求实现如下功能： (1)进入实施阶段，制订补充路测计划； (2)采集变动后的基础数据，通过手机网络基础数据分析处理软件； (3)手机网络数据拟合到路网
F5	问题分析	中标人需要对手机信令网络变动进行分析，要求实现如下功能： (1)手机原始信令分析此次补充路测结果，是否解决网络突变问题； (2)若已解决问题则更新数据； (3)反之不合格则需重新实施

16)手机数据源网络稳定性监控

及时了解整个手机网络的覆盖和稳定性状况对于实时交通处理系统的处理精度起到非常重要的作用。具体需要监控和统计的内容如表4-10所示。

手机数据源网络稳定性监控功能要求　　表4-10

功能编号	功 能 名 称	功 能 描 述
F1	信令事件数统计	需要对信令事件数进行统计。要求统计数据如下： (1)BSC内的切换数； (2)BSC间的切换数； (3)跨MSC的切换数
F2	基站数据统计	需要对基站数据进行统计，要求统计数据如下： (1)原始基站数量、基站区域； (2)变动基站区域、数量、涉及范围
F3	数据量统计	需要对手机数据量进行统计，要求统计数据如下： (1)手机数据量统计； (2)手机数量统计； (3)按天、小时、分钟对手机数据的统计
F4	小区变动率	小区变动率是描述手机网络变动的频率。要求统计数据如下： (1)在特定时间间隔内发生小区变动(指小区增加、小区减少、小区位置变动等)的数量占工程范围内所有小区的百分比； (2)该指标表明变动的小区占整体小区的变化量； (3)以天、周、月、季、半年、年为时间间隔单位，统计在这些时间间隔的小区变动率，分析网络变动的频率

17)信息存储模块的功能要求

信息存储模块的功能要求须采用多级的存储架构，所有数据支持在线备份和恢复的功能，具体如下：

(1)磁盘阵列需要保存的数据。

①手机原始信令数据；

②基于手机的交通信息采集系统处理结果数据；

③其他数据存储。

(2)磁盘库保存的数据。

磁带库用于保存磁盘阵列上需要长期保存的数据。

(3)数据保存周期要求。

数据保存周期要求如表4-11所示。

手机信息采集系统数据保存周期要求　　表4-11

数据内容	磁盘阵列数据保存周期	数据内容	磁盘阵列数据保存周期
手机原始信令数据	5年	GSM基础数据	5年
处理生成交通数据	5年	数据库系统数据	3天
分析数据	6个月	集群数据库备份数据	3天
GIS数据	5年	其他业务数据	7天

18)系统整体测试及调优的功能要求

系统整体测试及调优是借助于相应的工具包，分析系统性能瓶颈，再根据性能指标，以及所处于层级决定优化的方式方法。该子系统包括：系统整体性能测试、系统整体稳定性测试、系统整体压力测试、系统整体容灾性测试、系统整体健壮性测试等功能模块，具体如表4-12所示。

系统整体测试及调优功能要求　　表4-12

功能编号	功能名称	功能描述
F1	系统整体性能测试	性能测试是通过自动化的测试工具模拟多种正常、峰值以及异常负载条件来对系统的各项性能指标进行测试。要求实现如下功能： (1)测试CPU性能； (2)测试磁盘性能； (3)测试内存性能
F2	系统整体稳定性测试	在连续不间断长时间运行，在数据库服务器和应用服务器存在一定的压力下，测试产品的稳定性，以及应用服务器和数据库服务器的运行情况。要求实现如下功能： (1)长时间运行及各种操作下，软件的稳定性以及各种性能指标的劣化趋势性能； (2)多进程或多线程运行时的稳定性； (3)不同操作系统，在不同宿主软件下运行的稳定性
F3	系统整体压力测试	压力测试是对系统不断施加压力的测试，是通过确定一个系统的瓶颈或者不能接收的性能点，来获得系统能提供的最大服务级别的测试。要求实现如下功能： (1)如果平均中断数量是每秒1～2次，那么设计特殊的测试用例产生每秒10次中断； (2)输入数据量增加一个量级，确定输入功能将如何响应； (3)在虚拟操作系统下，产生需要最大内存量或其他资源的测试用例，或产生需要过量磁盘存储的数据

续上表

功能编号	功 能 名 称	功 能 描 述
F4	系统整体容灾性测试	计算机系统在遭受如火灾、水灾、地震、战争等不可抗拒的自然灾难以及计算机犯罪、计算机病毒、掉电、网络/通信失败、硬件/软件错误和人为操作错误等人为灾难时，容灾系统将保证用户数据的安全性(数据容灾)，甚至，一个更加完善的容灾系统，还能提供不间断的应用服务(应用容灾)。要求实现如下功能： (1)数据容灾测试； (2)应用容灾测试等
F5	系统整体健壮性测试	又称为容错性测试，用于测试系统在出现故障时，是否能够自动恢复或者忽略故障继续运行。要求实现如下功能： (1)通过测试； (2)灾难性失效。这是系统健壮性测试中最严重的失效，就是通常所说的“死机”的测试； (3)重启失效。一个系统函数的调用没有返回，使得调用它的程序挂起或停止测试； (4)夭折失效。程序运行时由于异常输入，系统发出错误代码使程序中止的测试； (5)沉寂失效。异常输入时，系统应当发出错误代码，但是测试结果却没有发生异常的测试； (6)干扰失效。指系统异常时返回了错误代码，但是该错误代码却不是期望中的错误代码的测试

19)手机信息采集系统安装联调的功能要求

手机信息采集系统安装联调是对系统硬件、组态软件进行现场检验，以确保供应的硬件、软件满足用户的要求的过程。联调工作主要为系统同现场测量元件的一次联动调试，需要确保是否能够正常反映现场实际系统状况，驱动现场的执行机构。因此，该子系统须包括：系统运行环境搭建、系统部署及调试、系统试运行观察期等系统部署调试过程，具体功能如表 4-13 所示。

手机信息采集系统安装联调功能要求 表 4-13

功能编号	功 能 名 称	功 能 描 述
F1	系统运行环境搭建	对系统进行运行环境的安装。要求实现如下功能： (1)安装操作系统； (2)配置基础环境，包括系统磁盘分区、配置 IP 地址等； (3)部署 JDK 运行环境； (4)修改系统环境变量； (5)系统参数调优
F2	系统部署及调试	对系统进行安装，并对安装后的系统进行调试。要求实现如下功能： (1)部署 JBoss4. 2. 3 中间件； (2)修改程序运行环境变量； (3)运行 JBoss 启动程序，排除运行异常； (4)JBoss 程序调优； (5)部署 Java 程序包； (6)确认控制台没有报错信息； (7)重启 JBoss 程序，系统正常

续上表

功能编号	功能名称	功能描述
F3	系统试运行观察期	在系统正式上线前进行的运行时期。要求实现如下功能： (1)通过管理界面登录系统，观察系统界面信息，无报错和异常信息； (2)配置程序参数； (3)启动程序后台进程； (4)观察进程每个周期的运行情况，确保每个周期没有超时、没有报错； (5)程序无压力运行2h，无异常； (6)进行压力测试2h，观察系统运行情况，是否出现异常信息； (7)对系统进行参数调优； (8)部署完毕

4.2.4 系统架构

1)逻辑架构

手机信息采集系统逻辑架构图如图4-6所示。

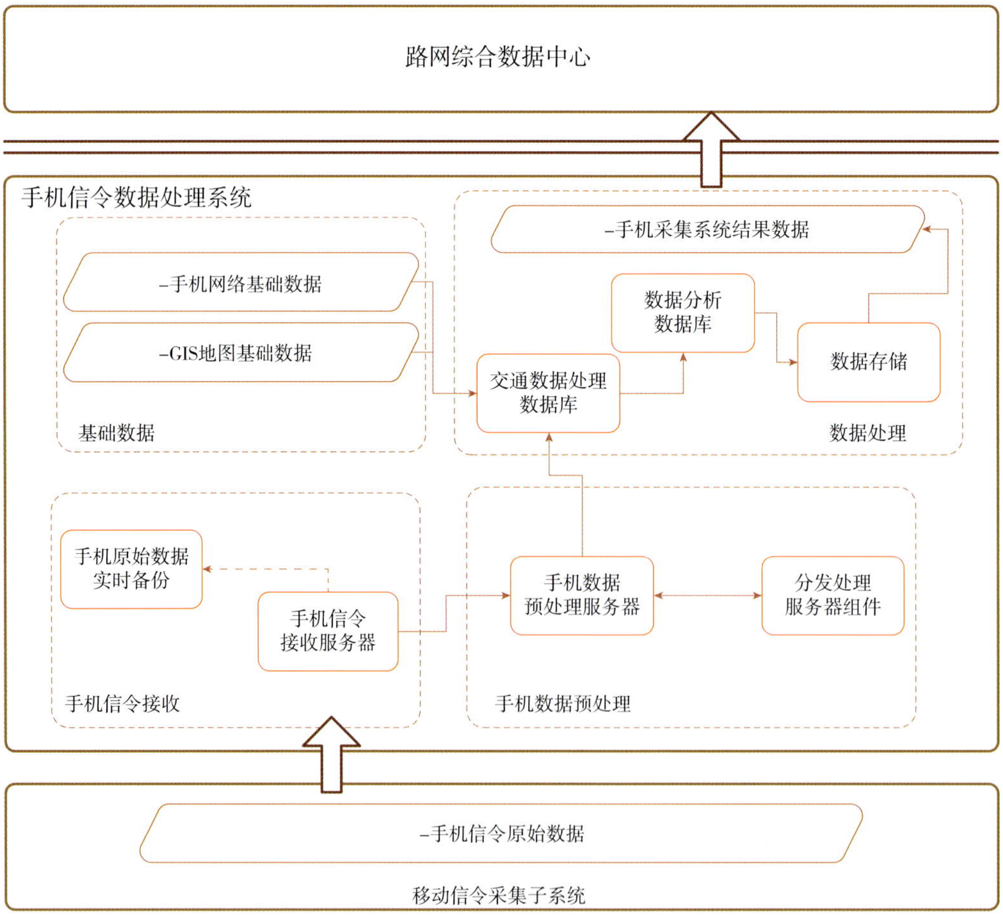

图4-6 手机信息采集系统逻辑架构图

对图4-6说明如下：

①手机信令采集子系统提供手机信令数据源。

②手机信令接收服务器接收采集子系统端的手机信令数据。

③手机信令预处理服务器对手机信令接收服务器接收的数据进行统一的预处理，为后续其他基于手机信令的应用提供统一的数据接口。

④基于手机数据信息采集计算服务器从手机信令预处理服务器的统一数据接口获取数据，并根据手机数据信息采集处理模型进行计算。

⑤手机信息采集的交通数据计算分析结果保存到数据库服务器。

⑥数据发布服务器把手机信息采集的交通数据计算结果数据汇聚到路网综合数据中心的数据库。

2）系统物理架构

手机信息采集系统物理架构图如图 4-7 所示。

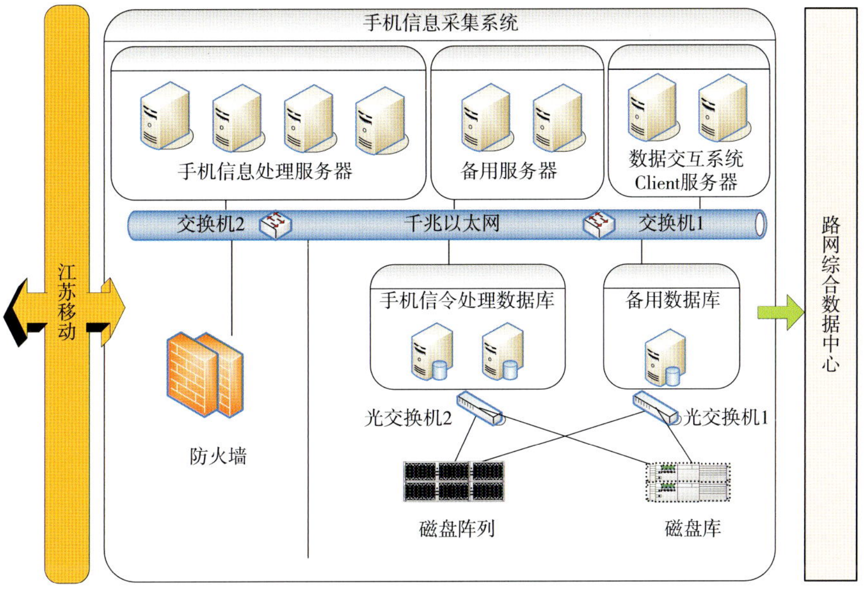

图 4-7　手机信息采集系统物理架构图

4.2.5　设计要求

1）应用展示要求

手机信息采集系统应用展示，要求从数据源及处理结果数据两个层次进行。数据源的应用展示需达到直观、便捷、实时的要求，可通过对此应用展示的图形及图表界面快速便捷地判断数据源特征、稳定性及可能出现的问题。结果数据展示可通过曲线图、柱状图、路网状态图等手段直观把握路网运行状况。

如表 4-14 所示，应用展示需按以下功能要求进行分类。

应用展示要求　　表 4-14

功能编号	功能名称	功能描述
F1	手机数据源质量监控	需针对手机数据源进行质量监控，包括数据量及用户量两个维度的统计结果值展示
F1_1	数据量曲线图	需将数据总量进行统计，最大统计颗粒度 15min，可通过该曲线线形直观获得有效数据量的升降情况以及在数据源发生异常情况下，通过曲线的抖动获悉该异常并及时修复
F1_2	日用户量统计柱状图	需每日统计该运营商当日用户数据量，可至少查询近一个月用户数，以支撑对数据质量情况的判断

续上表

功能编号	功 能 名 称	功 能 描 述
F2	结果数据	需针对结果数据进行应用展示，包括速度曲线图、历史速度曲线对比图以及道路状态路网图
F2 _ 1	速度曲线图	需针对路段、路线及全路网进行速度统计，以曲线方式表达当日速度曲线变化情况
F2 _ 2	历史速度曲线对比图	需提供针对路段、路线及全网的历史速度曲线对比图，以便可通过该对比，观测当日速度变化情况
F2 _ 3	道路状态路网图	需提供全高速公路路网的路况信息展示，可对该展示图层进行放大、缩小以及漫游等基本图层操作

手机信息采集应用展示系统主界面、数据监控界面、数据展示界面分别如图 4-8 ~ 图 4-10 所示。手机实时用户量统计曲线图、条形图、柱状图分别如图 4-11 ~ 图 4-13 所示。

图 4-8　手机信息采集应用展示系统主界面例图

图 4-9　手机信息采集应用展示系统数据监控界面例图

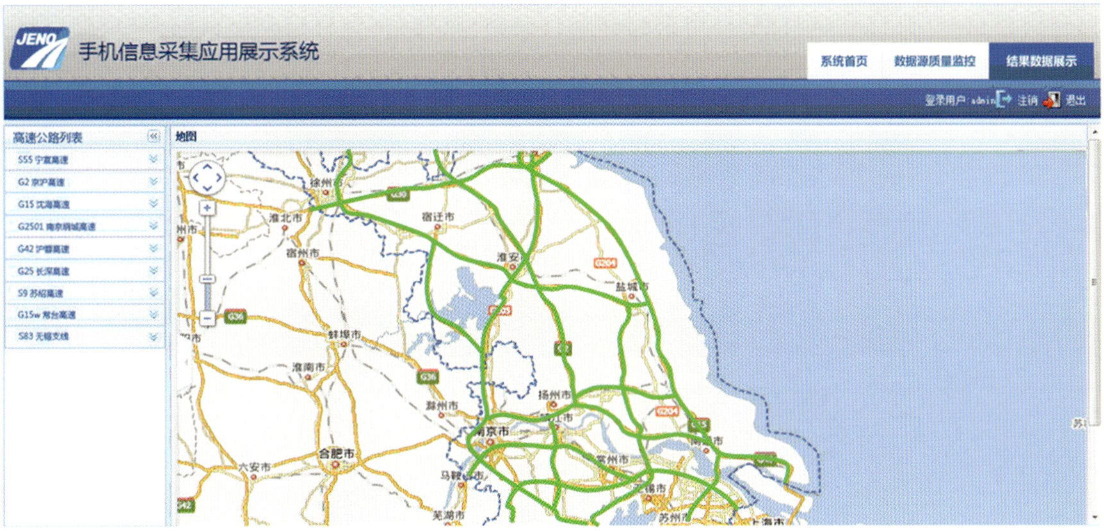

图 4-10 手机信息采集应用展示系统结果数据展示界面例图

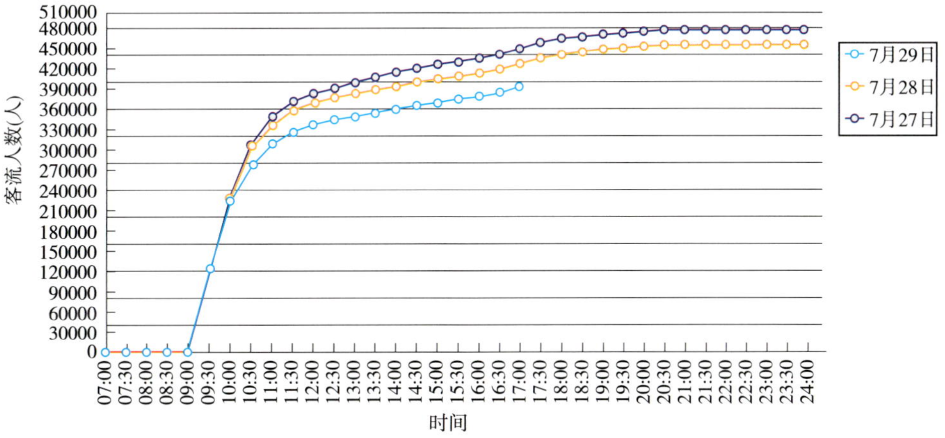

图 4-11 手机实时用户量统计曲线图

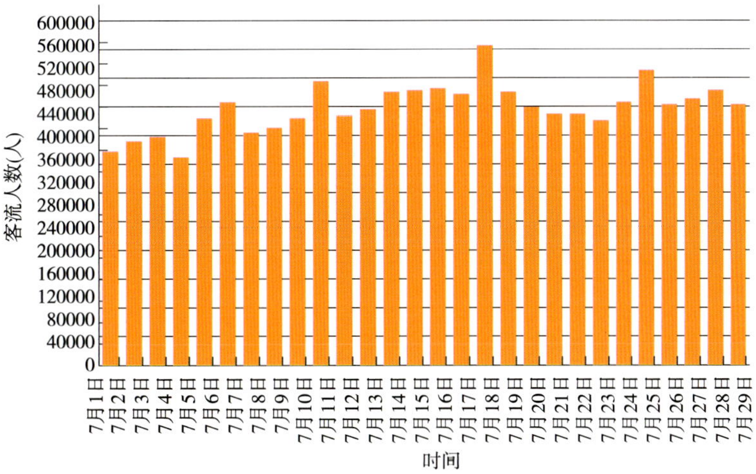

图 4-12 手机实时用户量统计条形图

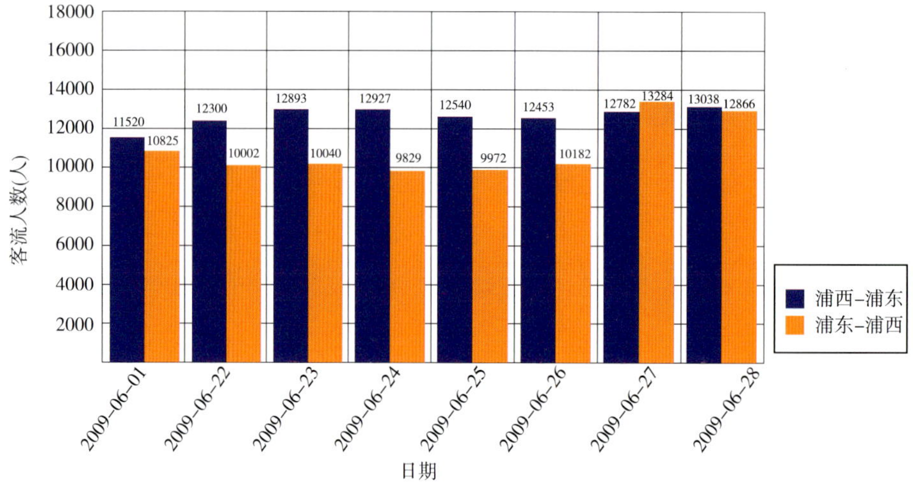

图 4-13　手机实时用户量统计柱状图

2)系统技术指标要求

手机信息采集系统的设计与开发，可达到以下技术指标要求。

(1)系统准确性：高速公路交通信息准确性要求能达到 85%。

(2)采集周期：数据传输时延要求小于 500ms；数据获取周期为 1min；数据处理周期为 5min，实时更新。

(3)系统稳定性：系统稳定性要达到 99.9%。

(4)高可用性：提供服务器集群服务和备份机制。

(5)安全性：保证输入、输出数据的安全性，通过防火墙制定严格的访问控制策略，并通过安全认证接口保证数据接口安全性。

3)系统界面要求

手机信息采集系统需要是具备可视、可控、可测的操作管理界面，为联网营运中心管理提供有效的检测和监控手段；为具体操作人员提供友好、简洁的操作界面；为技术支持人员提供一个具有可持续开发的系统环境，适用于相关人员进行运营维护。

系统管理界面主要包括以下几个内容：系统登录界面、系统运行情况、系统动态参数、系统周期查询。

(1)系统登录界面。

如图 4-14 所示，从可视化的角度，系统需要具有清晰的登录界面，要根据用户需求列出系统名、用户名、密码等方面内容。系统登录界面需要便于操作人员操作、管理。

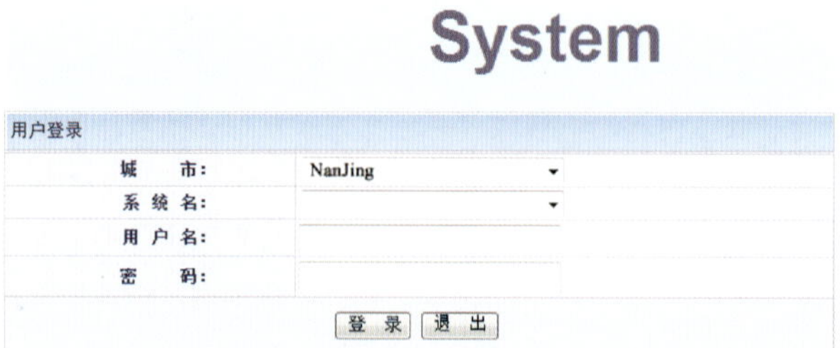

图 4-14　系统登录界面示意图

(2)系统运行情况。

如图 4-15 所示，进入系统管理界面，应该展现具体的系统运行情况。系统运行情况须包括：系统服务控制、系统运行状态监控、系统运行周期明细、系统服务列表、系统参数管理等内容。

图 4-15 系统运行情况管理界面示意图

(3)系统动态参数。

如图 4-16 所示，系统动态参数可由授权操作人员在必要时进行修改，应该包括：参数名称、参数值、参数类型、参数描述、修改按键等内容，实际系统动态参数需要根据具体情况设定。

图 4-16 系统动态参数调整界面示意图

(4)系统周期查询。

如图 4-17 所示，从管理员的角度出发，系统管理界面必须开设系统周期查询功能，该功能具有查询各系统运行情况的功能。系统周期查询功能需要包括以下查询功能：起始时间、终止时间、运算耗时、运算结果、运算明细等内容。

4)通信要求

由于接入的手机原始信令数据源数据量比较大，因此在选择机房的位置时还需要考虑到网络线路接入的便利性。目前可能会使用到两类线路：

(1)专线：主要适用于安全性较高，传输的数据量比较大的情况。手机处理系统由于数据量比较大，同时数据又涉及一定的保密性，因此比较适合使用专线传输。

(2)互联网线路：主要适用于安全性不太高，传输的数据量相对比较小的情况。另外，系统对外提供的接口交通状态数据，其数据量也比较小，也可考虑使用此线路进行传输。

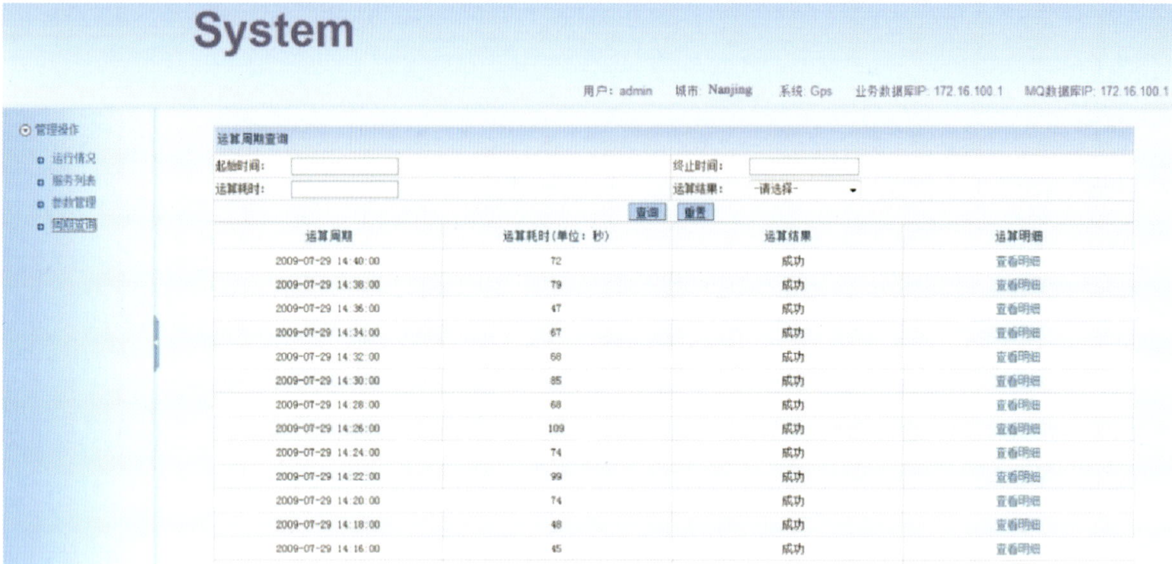

图 4-17　系统周期查询界面示意图

由于专线的建设和运营成本比较高，对于大数据量的处理系统，比如手机处理系统，如果专线资源无法满足的话，可以在机房的选择上考虑采用分布式的系统。处理系统在靠近数据源的本地进行处理，再把处理完成后的结果数据回传给路网综合数据中心。

4.3　卫星定位信息采集系统设计

卫星定位信息采集系统从运管局统一抓取标准格式数据，对源数据进行校验、过滤和坐标转换，去除干扰数据和无用数据，处理生成每辆车的车辆轨迹数据，以此获得行程速度、行程时间和里程等。该采集系统得到的路况信息将会转换成路网综合数据中心所需的统一编码格式，并进行数据的存储和应用。

4.3.1　业务模型

基于卫星定位数据的交通信息采集处理系统业务流程，如图 4-18 所示。

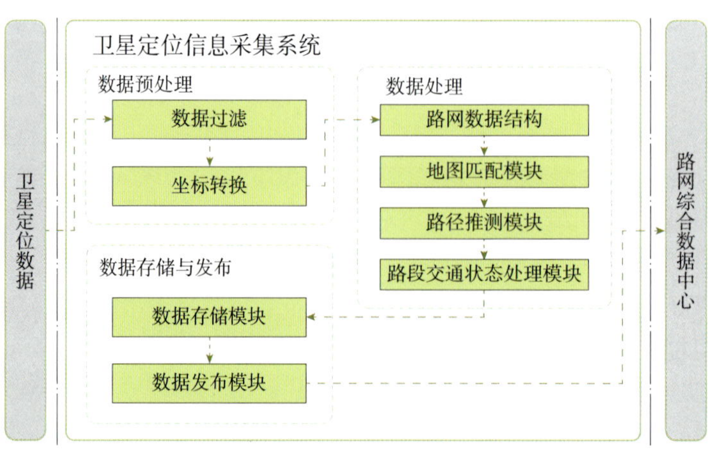

图 4-18　卫星定位信息采集数据业务流程

卫星定位信息采集系统业务流程说明如下：

1）卫星定位数据采集

在与运管局协调卫星定位数据的基础上，通过移动通信系统，统一抓取卫星定位数据处理需要的标准格式数据，集中后传输至前端预处理系统。

2）卫星定位数据预处理

卫星定位数据预处理负责接收传输来的数据，同时负责对源数据进行校验、过滤和坐标转换，去除干扰数据和无用数据，为下一步数据处理提供稳定的实时卫星定位数据源。

3）卫星定位数据处理

卫星定位数据处理是将预处理后的有效的卫星定位源数据处理生成每辆车的车辆轨迹数据，以此获得行程速度、行程时间和里程等。

4）数据存储与发布

将卫星定位信息采集系统得到的江苏省高速公路路况信息转换成路网综合数据中心的统一编码格式，并在路网综合数据中心进行数据的存储和应用。

4.3.2 系统功能目标

1）获取卫星定位数据

需要获取卫星定位源数据，获取数据特征，包括经度、纬度、高度、时间、车况信息等。

2）卫星定位预处理模块

卫星定位数据预处理主要包括数据过滤、去噪、坐标转换等。

3）处理生成分段行程时间

针对预处理后的卫星定位数据，组织生成道路分段行程时间的各种处理和测试，在获得的每个卫星定位速度样本后，在分析处理周期内，对样本数据进行统计分析，得到路段上分段的平均旅行车速和平均行程时间。对于生成分段行程时间信息的处理，主要有以下功能要求：

（1）基于GIS对所覆盖道路进行分段，作为信息处理的基本单位，道路分段需要考虑以下因素：

①道路平面交叉口、立交、上下匝道、收费口等道路网的交通物理节点位置；

②道路布设的固定检测器的交通信息采集断面；

③道路的交通冲突位置。

（2）处理生成分段行程时间信息。

按照分段要求，处理生成分段行程时间信息，其中包括分段的行程时间信息、分段的交通状态信息。

4）维护道路GIS数据

为完成道路分段行程时间的各种处理，需要提供路测数据、卫星定位数据以及应用于路网综合数据中心的标准GIS数据之间的映射关系。

4.3.3 系统功能设计

基于卫星定位数据的交通信息采集系统有以下处理模块：

1）从浮动车数据采集系统获取卫星定位浮动车数据的功能

通过特定接口协议从浮动车采集系统获取省高速公路已安装有卫星定位车辆的数据，例如“两客一危”卫星定位原始数据。该子系统须包括：数据接收模块、数据计算模块、数据汇总发布模块、参数配置模块、系统管理模块、集群模块等功能模块，具体如表4-15所示。

从浮动车数据采集系统获取卫星定位浮动车数据功能要求 表4-15

功能编号	功能名称	功能描述
F1	数据接收模块	从卫星定位原始数据进行接收。要求实现如下功能： (1)对卫星定位数据进行解析，对于异常文件或记录生成异常状态报告，并报给移动运营商； (2)接收模块需要支持对移动提供的主/备节点上的数据进行获取，当主节点出现异常时，可以自动切换到备用主机获取数据； (3)接收模块同时也需要支持自身的高可用性，当某个接收模块出现问题时，可以自动启动另一个接收进程进行数据获取
F2	数据计算模块	对源数据进行计算。要求实现如下功能： (1)支持负载均衡，当需要处理的数据量增加时，只要动态增加计算节点即可以实现计算能力的扩展； (2)支持主机的热部署，支持动态的主机增加和减少； (3)支持动态故障隔离功能，当某一节点出现故障时，该故障不会扩散到其他节点； (4)要求每个节点的计算任务必须在60s以内完成
F3	数据汇总发布模块	对数据进行汇总，并进行数据发布工作。要求实现如下功能： (1)汇总节点支持高可用性集群，当某一汇总节点出现故障时，另一个汇总节点将自动接管工作； (2)汇总节点要求具备对数据计算模块进行协调的能力，当某个数据计算模块出现异常时，自动剔除该节点； (3)数据汇总节点要求在各计算节点的时钟进行同步； (4)数据汇总节点要求在90s内完成任务
F4	参数配置模块	系统参数配置子系统是将系统内核提供一个接口，对系统进行参数配置。要求实现如下功能： (1)参数配置完成后，需要在一个周期后生效； (2)参数配置修改后，不能影响现有周期的运行； (3)具备设置某些参数定时生效的功能
F5	系统管理模块	系统管理子系统是系统核心组成部分，为其他各子系统提供了强大的功能支持。要求实现如下功能： (1)包含用户登录和验证功能； (2)包含用户日志功能； (3)包含用户审计功能； (4)包含界面可视化管理配置功能
F6	集群模块	实现将子系统服务器集中起来一起进行并行计算及互相备份的功能。要求实现如下功能： (1)支持程序包的动态部署功能； (2)支持主机的动态增加和减少； (3)支持动态的集群参数配置； (4)支持集群的定时器管理

2)卫星定位数据预处理模块功能

对原始浮动车卫星定位数据，需要经过数据预处理功能，过滤去除空间定位无用或冗余的数据，获取有用的卫星定位数据以供提取道路交通信息。该子系统必须包括：GIS编码转化模块、数据分析模块、状态标定及输出模块、数据源质量分析统计模块、日志管理模块、监控告警管理软件等功能模块。

3)处理生成分段行程时间模块的功能

按照江苏智慧高速公路工程的性质和总体要求，通过卫星定位浮动车交通模型处理，生成路网道路分段行程时间与行程车速。

对于生成分段行程时间信息的处理，必须有以下功能要求：

(1)基于 GIS 对所覆盖道路进行分段，作为信息处理的基本单位，道路分段需要考虑立交、上下匝道、收费口、服务区等道路网的交通物理节点位置；

(2)处理生成分段行程时间信息。

按照分段要求，处理生成分段行程时间信息，其中包括分段的交通状态信息。对于处理生成的交通状态信息，需要考虑数据处理周期造成的时延影响，具体如表 4-16 所示。

处理生成分段行程时间模块功能要求 表 4-16

功能编号	功 能 名 称	功 能 描 述
F1	覆盖道路进行分段	基于 GIS 对所覆盖道路进行分段，作为信息处理的基本单位。要求实现如下功能： (1)道路分段方式体现； (2)分段需要考虑立交、上下匝道、收费口、服务区等道路网的交通物理节点位置
F2	处理生成分段行程时间信息	按照分段要求，处理生成分段交通状态信息，例如行程时间信息等，要求实现如下功能： (1)需要有分段的行程时间实测信息和分段的交通状态信息； (2)对于处理生成的交通状态信息，需要考虑交通状态信息更新周期造成的时延影响

4)模块本地化工作(研发、算法设计、软件升级开发、软件测试)功能要求

模块本地化子系统必须包括：数据计算模块、数据汇总发布模块、参数配置模块、数据分析模块、状态标定及输出模块、数据接口管理软件、监控告警管理软件等功能模块，具体如表 4-17 所示。

模块本地化工作功能要求 表 4-17

功能编号	功 能 名 称	功 能 描 述
F1	数据接收模块本地化升级	对数据接收模块进行升级。要求实现如下功能： (1)对卫星定位数据进行解析的升级； (2)接收模块需要支持对移动提供的主/备节点上的数据进行获取升级； (3)接收模块同时也需要支持自身的高可用性的升级
F2	数据汇总筛选及合并模块本地化升级	对数据进行汇总，并筛选出符合系统需要的数据，最后进行合并模块进行升级。要求实现如下功能： (1)汇总节点支持高可用性集群升级； (2)汇总节点要求具备对数据计算模块进行协调的能力升级； (3)数据汇总节点要求在各计算节点的时钟进行同步升级； (4)数据汇总节点升级
F3	参数配置模块本地化升级	系统参数配置子系统是将系统内核提供一个接口，对系统进行参数配置，对此系统进行升级，要求实现如下功能： (1)参数配置完成后升级； (2)参数配置修改后，不能影响现有周期的运行； (3)具备设置某些参数定时生效的功能升级

续上表

功能编号	功能名称	功能描述
F4	数据分析模块本地化升级	数据预处理分析是对数据进行分析，以求最大化地开发数据资料的功能，发挥数据的作用。对此模块进行升级
F5	状态标定及输出模块本地化升级	对数据状态进行标定，并最终进行输出。对此模块进行升级。要求实现如下功能： (1)要求对全江苏高速公路数据在20s以内完成标定升级； (2)支持多种状态标定算法升级； (3)支持在多计算节点状态下的状态标定升级
F6	数据接口管理软件	数据接口就是进行数据传输时向数据连接线输出数据的接口。 (1)数据接口需要支持数据库，文本和xml方式； (2)需要提供数据传输的完整日志； (3)支持数据接口的高可用性，当某一接口服务器出现故障时，任务自动由另一台主机接管
F7	监控告警管理软件本地化升级	对系统进行24h全天候监控，遇到故障告警，保障系统正常运行。 (1)支持SNMP，数据库表，日志文件等多种方式的告警； (2)告警时延要求小于200ms； (3)告警信息自动备份功能； (4)支持告警信息分级

5)系统管理软件模块的功能

系统管理软件需要完成卫星定位浮动车交通信息处理子系统统一的用户、设备以及系统配置参数管理及系统运行状态监控等功能。具体要求如表4-18所示。

系统管理软件功能要求　　表4-18

功能编号	功能名称	功能描述
F1	用户管理	对用户进行名称、密码、权限管理。要求实现如下功能： (1)需要进行用户添加； (2)需要进行用户修改； (3)需要进行用户删除等
F2	系统运行参数管理	系统软件运行所需的各种配置参数，要求实现如下功能： (1)系统运行参数添加； (2)系统运行参数修改； (3)系统运行参数删除等
F3	日志查询	可以对系统软件运行的日志记录进行查询、导出。要求实现如下功能： (1)操作日志查询模块； (2)系统运行日志管理模块
F4	监控功能	可以对系统的运行状态等信息进行查看与监控。对系统进行24h全天候监控，遇到故障告警，保障系统正常运行。 (1)支持SNMP，数据库表，日志文件等多种方式的告警； (2)告警时延要求小于200ms； (3)告警信息自动备份功能； (4)支持告警信息分级

6）数据存储模块的要求

基于车载卫星定位数据的交通信息采集系统原始数据量大，为保证数据的安全性以及数据的统一管理，系统需要支持数据在线备份和恢复的功能，具体如下：

（1）需要保存的数据。

①卫星定位数据。

②数据分析数据。

③处理生成交通数据。

④GIS 基础数据。

（2）数据保存周期要求。

数据保存周期要求如表 4-19 所示。

卫星定位信息采集系统数据保存周期要求　　表 4-19

数 据 内 容	磁盘阵列数据保存周期	数 据 内 容	磁盘阵列数据保存周期
卫星定位原始数据	5 年	集群数据库备份数据	3 天
数据分析数据	6 个月	GIS 基础数据	5 年
处理生成交通数据	5 年	其他业务数据	7 天
数据库系统数据	3 天		

7）系统整体测试及调优的功能要求

系统整体测试及调优是较为精准的定位问题，借助于相应的工具包，分析系统性能瓶颈，再根据其性能指标，以及所处层级决定优化的方式方法。该子系统必须包括：系统整体性能测试、系统整体稳定性测试、系统整体压力测试、系统整体容灾性测试、系统整体健壮性测试等项功能模块，具体如表 4-20 所示。

系统整体测试及调优功能要求　　表 4-20

功能编号	功 能 名 称	功 能 描 述
F1	系统整体性能测试	性能测试是通过自动化的测试工具模拟多种正常、峰值以及异常负载条件来对系统的各项性能指标进行测试。要求实现如下功能： （1）测试 CPU 性能； （2）测试磁盘性能； （3）测试内存性能
F2	系统整体稳定性测试	在连续不间断长时间运行，在数据库服务器和应用服务器存在一定的压力下，测试产品的稳定性，以及应用服务器和数据库服务器的运行情况。要求实现如下功能： （1）长时间运行及各种操作下，软件的稳定性以及各种性能指标的劣化趋势性能； （2）多进程或多线程运行时的稳定性； （3）不同操作系统，在不同宿主软件下运行的稳定性
F3	系统整体压力测试	压力测试是对系统不断施加压力的测试，是通过确定一个系统的瓶颈或者不能接收的性能点，来获得系统能提供的最大服务级别的测试。要求实现如下功能： （1）如果平均中断数量是每秒 1 ~ 2 次，那么设计特殊的测试用例产生每秒 10 次中断； （2）输入数据量增加一个量级，确定输入功能将如何响应； （3）在虚拟操作系统下，产生需要最大内存量或其他资源的测试用例，或产生需要过量磁盘存储的数据

续上表

功能编号	功 能 名 称	功 能 描 述
F4	系统整体容灾性测试	计算机系统在遭受如火灾、水灾、地震、战争等不可抗拒的自然灾难以及计算机犯罪、计算机病毒、掉电、网络/通信失败、硬件/软件错误和人为操作错误等人为灾难时，容灾系统将保证用户数据的安全性（数据容灾），甚至，一个更加完善的容灾系统，还能提供不间断的应用服务（应用容灾）。要求实现如下功能： （1）数据容灾测试； （2）应用容灾测试等
F5	系统整体健壮性测试	又称为容错性测试，用于测试系统在出现故障时，是否能够自动恢复或者忽略故障继续运行。要求实现如下功能： （1）通过测试； （2）灾难性失效，这是系统健壮性测试中最严重的失效，就是通常所说的“死机”的测试； （3）重启失效，一个系统函数的调用没有返回，使得调用它的程序挂起或停止测试； （4）夭折失效，程序运行时由于异常输入，系统发出错误代码使程序中止的测试； （5）沉寂失效，异常输入时，系统应当发出错误代码，但是测试结果却没有发生异常的测试； （6）干扰失效，指系统异常时返回了错误代码，但是该错误代码却不是期望中的错误代码的测试

8）卫星定位信息采集系统安装联调的功能要求

卫星定位信息采集系统安装联调是对系统硬件、软件进行现场检验的过程，以确保供应的硬件、软件满足用户的要求。联调工作是系统同现场的一次测量元件的联动调试的过程，确保能够正常反映现场实际系统状况，驱动现场的执行机构。该子系统必须包括：系统运行环境搭建、系统部署及调试、系统试运行观察期等系统部署调试等功能模块，具体如表 4-21 所示。

卫星定位信息采集系统安装联调功能要求 表 4-21

功能编号	功 能 名 称	功 能 描 述
F1	系统运行环境搭建	对系统进行运行环境的安装。要求实现如下功能： （1）安装操作系统； （2）配置基础环境，包括系统磁盘分区、配置 IP 地址等； （3）部署 JDK 运行环境； （4）修改系统环境变量； （5）系统参数调优
F2	系统部署及调试	对系统进行安装，并对安装后的系统进行调试。要求实现如下功能： （1）部署 JBoss4. 2. 3 中间件； （2）修改程序运行环境变量； （3）运行 JBoss 启动程序，排除运行异常； （4）JBoss 程序调优； （5）部署 Java 程序包； （6）确认控制台没有报错信息； （7）重启 JBoss 程序，系统正常
F3	系统试运行观察期	在系统正式上线前进行的运行时期。要求实现如下功能： （1）通过管理界面登录系统，观察系统界面信息，无报错和异常信息； （2）配置程序参数； （3）启动程序后台进程；

续上表

功能编号	功 能 名 称	功 能 描 述
F3	系统试运行观察期	(4)观察进程每个周期的运行情况，确保每个周期没有超时、没有报错； (5)程序无压力运行 2h，无异常； (6)进行压力测试 2h，观察系统运行情况，是否出现异常信息； (7)对系统进行参数调优； (8)部署完毕

4.3.4 系统结构

1)逻辑结构

卫星定位信息采集系统逻辑结构图如图 4-19 所示。

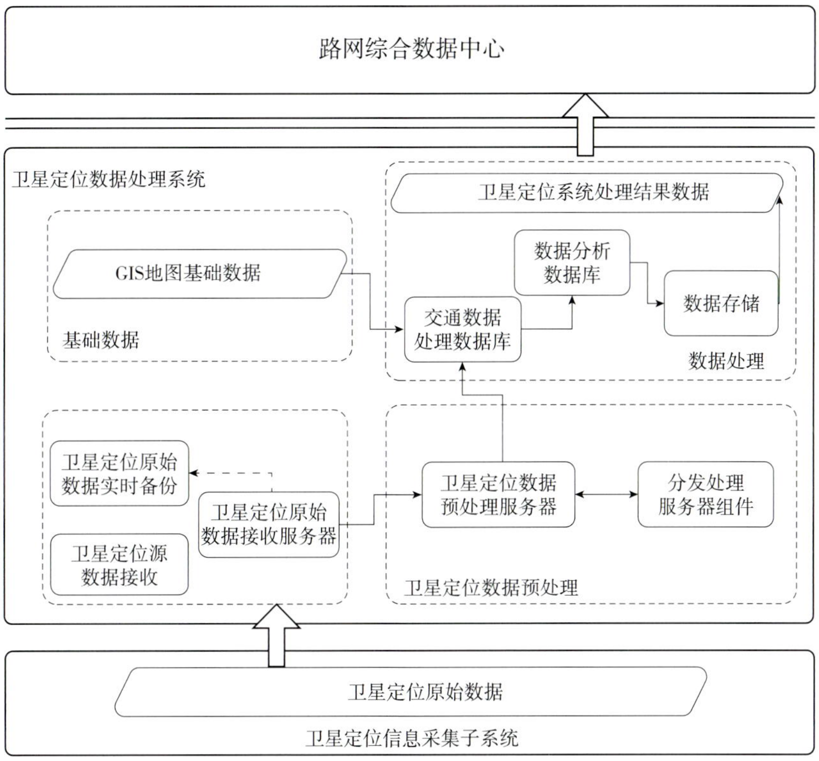

图 4-19 卫星定位信息采集系统逻辑结构图

对图 4-19 说明如下：

(1)运管局为卫星定位信息采集系统提供“两客一危”的卫星定位数据。

(2)采集系统的卫星定位源数据服务器接收“两客一危”的卫星定位原始数据。

(3)卫星定位数据预处理服务器对卫星定位源数据服务器接收的数据进行统一的预处理，为后续卫星定位数据处理提供数据接口。

(4)基于卫星定位数据的信息采集计算服务器从卫星定位数据预处理服务器的统一数据接口获取数据，并根据卫星定位数据信息采集处理模型进行计算。之后：

①卫星定位信息采集的交通数据计算结果保存到数据库服务器；

②数据发布服务器把卫星定位信息采集的交通数据计算结果数据汇聚到路网综合数据中心的数据库。

2)物理架构

卫星定位信息采集系统物理架构如图4-20所示。

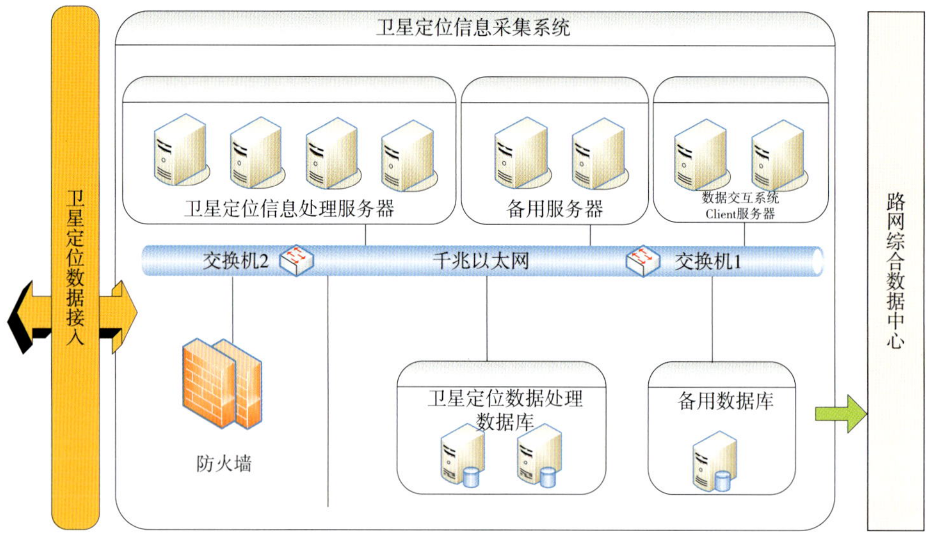

图4-20　卫星定位信息采集系统物理架构图

4.3.5　设计要求

1)应用展示要求

卫星定位信息采集系统应用展示，要求从数据源及处理结果数据两个层次进行。数据源的应用展示需达到直观、便捷、实时的要求，可通过对此应用展示的图形及图表界面快速便捷地判断数据源特征、稳定性及可能出现的问题。结果数据展示，可通过曲线、柱状图、路网状态图等手段，直观把握该数据结果下的路网运行状况。

应用展示需按表4-22功能要求进行分类。

应用展示要求　　表4-22

功能编号	功能名称	功能描述
F1	卫星定位数据源质量监控	需针对卫星定位数据源进行质量监控，包括数据量及车辆数两个维度的统计结果值展示
F1_1	数据量曲线图	需将数据总量进行统计，最大统计颗粒度15min，可通过该曲线线形直观获得有效数据量的升降情况以及在数据源发生异常情况下，通过曲线的抖动获悉该异常并及时修复
F1_2	辆数分时、分日统计柱状图	需每日统计当日车辆数，可至少查询近一个月用户数，以支撑对数据质量情况的判断。同时，该数据可分总和及分来源统计
F2	结果数据	需针对结果数据进行应用展示，包括速度曲线图、历史速度曲线对比图以及道路状态路网图
F2_1	速度曲线图	需针对路段、路线及全路网进行速度统计，以曲线方式表达当日速度曲线变化情况
F2_2	历史速度曲线对比图	需提供针对路段、路线及全网的历史速度曲线对比图，以便可通过该对比，观测当日速度变化情况
F2_3	道路状态路网图	需提供全高速公路路网的路况信息展示，可对该展示图层进行放大、缩小以及漫游等基本图层操作

主界面示意图如图 4-21 所示。

图 4-21　卫星定位信息采集应用展示系统主界面示意图

数据质量监控页面示意图如图 4-22 所示。

图 4-22　卫星定位信息采集应用展示系统数据监控界面示意图

结果数据展示页面示意图如图 4-23 所示。

图 4-23　卫星定位信息采集应用展示系统结果数据展示界面示意图

2）系统技术指标要求

卫星定位信息采集系统的设计与开发，可达到以下技术指标要求。

（1）系统准确性：高速公路交通信息准确性要求能达到85%。

（2）采集周期：数据传输时延要求小于500ms；数据获取周期为1min；数据处理周期为5min，实时更新。

（3）系统稳定性：系统稳定性要达到99.9%。

（4）高可用性：提供服务器集群服务和备份机制。

（5）安全性：保证输入、输出数据的安全性，通过防火墙制定严格的访问控制策略，并通过安全认证接口保证数据接口安全性。

3）通信要求

由于接入的卫星定位源数据量比较大，因此在选择机房的位置时还需要考虑到网络线路接入的便利性。目前可能会使用到如下两类线路。

（1）专线：主要适用于安全性较高，传输的数据量比较大的情况。卫星定位处理系统由于数据量比较大，同时数据又涉及一定的保密性，因此比较适合使用专线传输。

（2）互联网线路：主要适用于安全性不太高，传输的数据量相对比较小的情况。另外，系统对外提供的接口交通状态数据，其数据量也比较小，也可考虑使用此线路进行传输。

由于专线的建设和运营成本比较高，对于大数据量的处理系统，比如卫星定位数据处理系统，如果专线资源无法满足的话，可以在机房的选择上考虑采用分布式的系统。处理系统在靠近数据源的本地进行处理，再把处理完成后的结果数据回传给路网综合数据中心。

4.4 收费车辆感知系统设计

收费车辆感知系统获取收费车辆感知数据，包括ETC数据和人工收费数据，对原始数据进行数据过滤、数据标准化等，去除干扰数据和无用数据，将有效的收费车辆数据处理生成每辆车的车辆轨迹数据，以此获得行程速度、行程时间、平均行程车速、出行OD等。该采集系统得到的路况信息将会转换成路网综合数据中心所需的统一编码格式，并进行数据的存储和应用。

4.4.1 业务模型

收费车辆感知系统数据业务流程如图4-24所示。

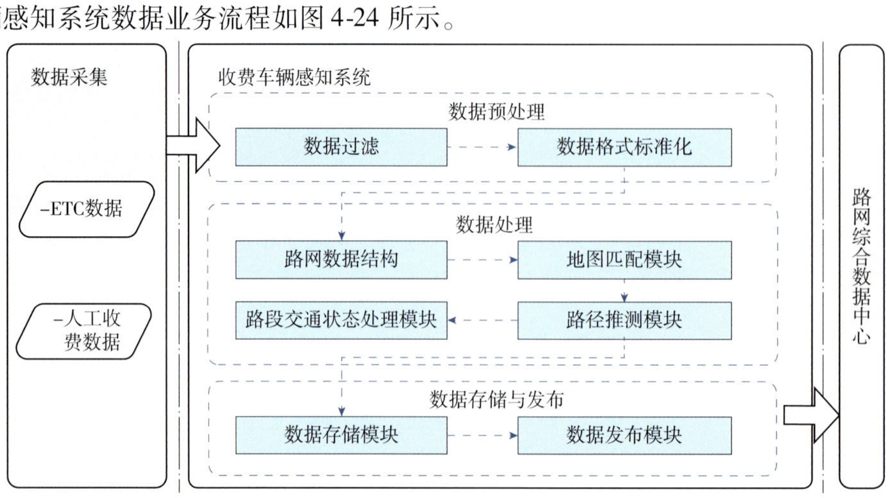

图4-24 收费车辆感知系统数据业务流程

收费车辆感知系统处理业务流程说明如下：

1）收费车辆数据采集

联网中心提供收费车辆感知数据（ETC 数据、人工收费数据），将收费车辆数据信息抓取标准格式，集中后传输至收费车辆感知预处理系统。

2）收费车辆数据预处理

收费车辆数据预处理负责抓取传输来的数据，同时负责对收费车辆原始数据进行数据过滤、数据标准化等，去除干扰数据和无用数据，为下一步数据处理提供稳定的收费车辆数据。

3）收费车辆数据处理

收费车辆数据处理是将预处理后的有效的收费车辆数据处理生成每辆车的车辆轨迹数据，以此获得行程速度、行程时间、平均行程车速、出行 OD 等。

4）数据存储与发布

将收费车辆感知系统得到的江苏省高速公路路况信息转换成路网综合数据中心的统一编码格式，并在路网综合数据中心进行数据的存储和应用。利用后端应用开发接口，统一定制数据规格。应用开发采用引擎模块设计，具有可扩展性，以满足不同信息发布的需求。

4.4.2 系统功能目标

1）获取收费车辆数据

从联网中心获取收费车辆数据，获取数据特征，包括经过收费口时间、收费口 ID、车辆 ID、车型、行驶方向等。

2）收费车辆预处理模块

收费车辆数据预处理主要包括数据过滤、去噪、数据标准化等。

3）处理生成分段行程时间、行程速度等数据

针对预处理后的收费车辆数据，组织生成道路分段行程时间的各种处理和测试，在获得的每个车辆速度样本后，在分析处理周期内，对样本数据进行统计分析，得到路段上分段的平均旅行车速和平均行程时间。对于生成分段行程时间信息的处理，按照分段要求，处理生成分段行程时间信息，其中包括分段的行程时间信息、分段的交通状态信息。

4）维护道路 GIS 数据

为完成道路分段行程时间的各种处理，需要提供收费站点、收费车辆数据以及应用于路网综合数据中心的标准 GIS 数据之间的映射关系。

4.4.3 系统功能设计

收费车辆感知系统有以下处理模块：

1）获取收费车辆数据

从联网中心获取收费车辆数据，获取数据特征，必须包括经过收费口时间、收费口 ID、车辆 ID、车型、行驶方向等。

2）收费车辆预处理模块

收费车辆数据预处理必须包括数据过滤、去噪、数据标准化等。

3）处理生成分段行程时间、行程速度等数据

针对预处理后的收费车辆数据，组织生成道路分段行程时间的各种处理和测试，在获得的每个车

辆速度样本后，在分析处理周期内，对样本数据进行统计分析，得到路段上分段的平均旅行车速和平均行程时间。对于生成分段行程时间信息的处理，按照分段要求，处理生成分段行程时间信息，其中必须包括分段的行程时间信息、分段的交通状态信息。

4)维护道路 GIS 数据

为完成道路分段行程时间的各种处理，需要提供收费站点、收费车辆数据以及应用于综合数据中心的标准 GIS 数据之间的映射关系。

4.4.4 系统结构

1)逻辑结构

收费车辆感知系统逻辑结构如图 4-25 所示。

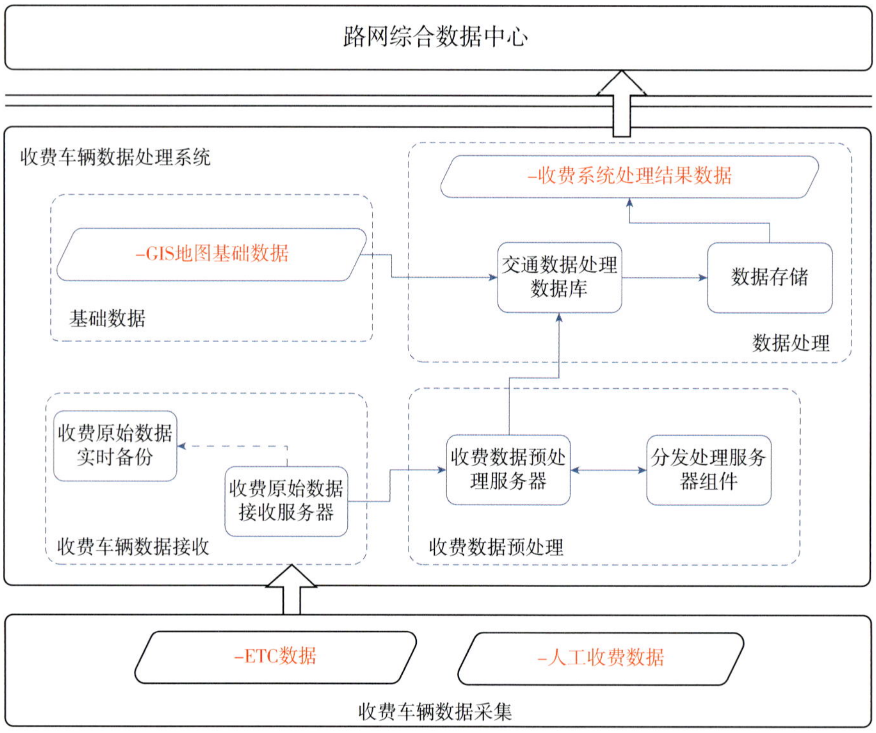

图 4-25 收费车辆感知系统逻辑结构图

对图 4-25 说明如下：

(1)原始数据接收服务器从联网中心处采集 ETC 数据和人工收费数据。

(2)收费车辆数据预处理服务器对采集到的 ETC 数据与人工收费数据进行预处理，为后续收费车辆数据处理提供数据接口。

(3)收费车辆感知采集计算服务器从收费车辆数据预处理服务器的统一数据接口获取数据，并根据收费车辆数据信息采集处理模型进行计算。

(4)收费车辆感知系统的交通数据计算结果保存到数据库服务器。

(5)数据发布服务器把收费车辆感知系统的交通数据计算结果数据汇聚到路网综合数据中心。

2)系统物理架构

收费车辆感知系统物理架构如图 4-26 所示。

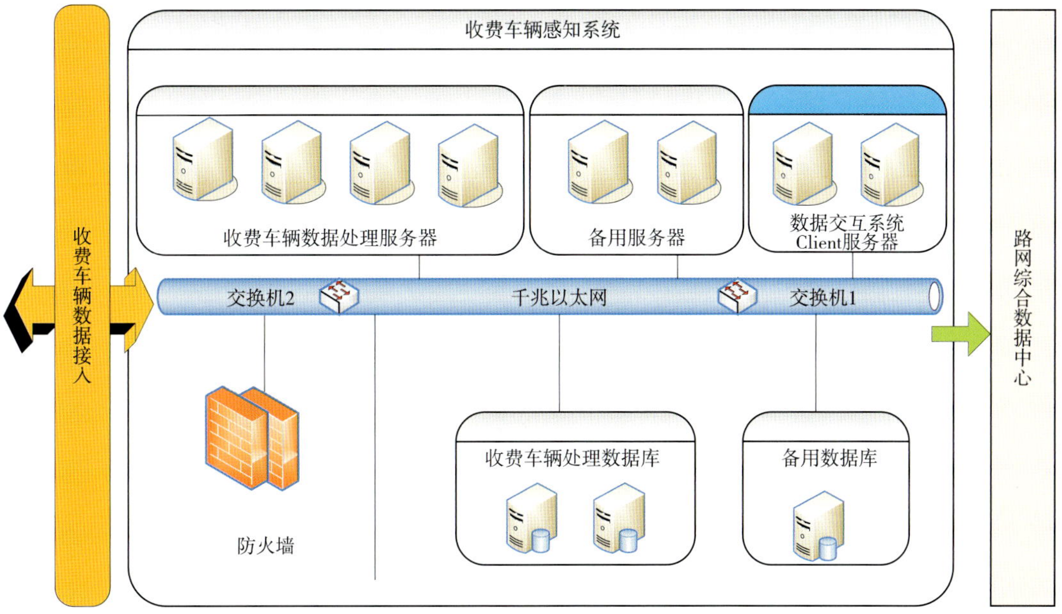

图 4-26　收费车辆感知系统物理架构图

4.4.5　设计要求

1）应用展示要求

收费车辆感知系统应用展示，要求从数据源及处理结果数据两个层次进行。数据源的应用展示需达到直观、便捷、实时的要求，可通过对此应用展示的图形及图表界面快速便捷地判断数据源特征、稳定性及可能出现的问题。结果数据展示，可通过曲线、柱状图、路网图等手段，直观把握该数据结果下的路网 OD、流量及行程时间。

应用展示需按表 4-23 功能要求进行分类。

应 用 展 示 要 求　　表 4-23

功能编号	功 能 名 称	功 能 描 述
F1	收费数据源质量监控	需针对收费数据源进行质量监控，包括数据量及车辆数两个维度的统计结果值展示
F1_1	流量曲线图	需将数据总量进行统计，最大统计颗粒度 15min，可通过该曲线线形直观获得有效数据量(出入口流量)的升降情况以及在数据源发生异常情况下，通过曲线的抖动获悉该异常并及时修复
F1_2	流量分日统计柱状图	需每日统计当日车辆数，可至少查询近一个月用户数，以支撑对数据质量情况的判断
F2	结果数据	需针对结果数据进行应用展示，包括行程时间及 OD 量
F2_1	行程时间	需针对路段、路线及全路网进行速度统计，以曲线方式表达当日速度曲线变化情况
F2_2	OD 量	可通过选择选取 O 点及 D 点，在图上自动绘制连线并表达 OD 量。同时可选择区域进行期望线显示

主界面示意图如图 4-27 所示。

数据质量监控页面示意图如图 4-28 所示。

图 4-27　收费车辆感知应用展示系统主界面示意图

图 4-28　收费车辆感知应用展示系统数据监控界面示意图

结果数据展示页面示意图如图 4-29 所示。

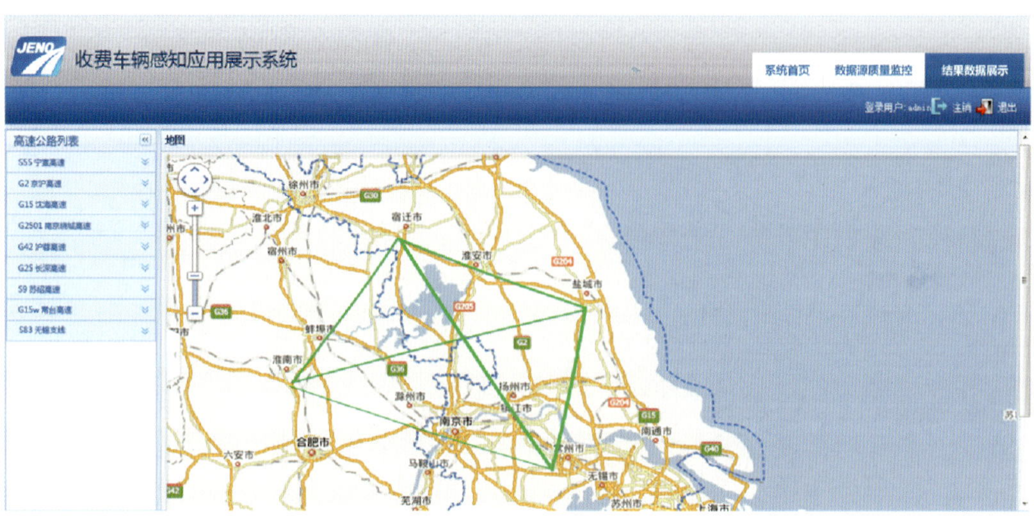

图 4-29　收费车辆感知应用展示系统结果数据展示界面示意图

2)系统技术指标要求

收费车辆感知系统的设计与开发，可达到以下技术指标要求。

(1)系统准确性：高速公路交通信息准确性要求能达到85%。

(2)采集周期：数据传输时延要求小于20s；数据获取周期为1min；数据处理周期为5min，实时更新。

(3)系统稳定性：系统稳定性要达到99%。

(4)高可用性：提供服务器集群服务和备份机制。

(5)安全性：保证输入、输出数据的安全性，通过防火墙制定严格的访问控制策略，并通过安全认证接口保证数据接口安全性。

3)通信要求

接入的收费车辆感知系统数据还需要考虑到网络线路接入的便利性。目前可能会使用到两类线路：

(1)专线：主要适用于安全性较高，传输的数据量比较大的情况。收费车辆感知系统由于保密性级别较高，适合使用专线传输。

(2)互联网线路：主要适用于安全性不太高，传输的数据量相对比较小的情况。另外，系统对外提供的接口交通状态数据，其数据量也比较小，也可考虑使用此线路进行传输。

由于专线的建设和运营成本比较高，对于大数据量的处理系统，比如收费车辆感知数据处理系统，如果专线资源无法满足的话，可以在机房的选择上考虑采用分布式的系统。处理系统在靠近数据源的本地进行处理，再把处理完成后的结果数据回传给路网综合数据中心。

4.5 视频监控系统设计

视频监控系统接入各路桥公司数据中心的实时视频信息，统一抓取标准格式视频信息数据，集中后接入所属节点。视频监控系统具有视频数据传输、视频数据标准化、视频信息实时调用、视频信息实时调用展示、系统资源管理等功能。

4.5.1 业务模型

视频监控系统业务流程如图4-30所示。

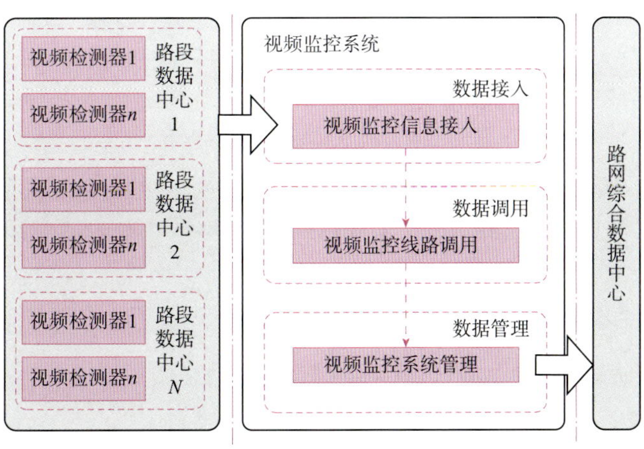

图4-30 视频监控系统数据业务流程

视频监控系统处理业务流程说明如下：

1)视频信息接入

视频监控采集的是将各路桥公司数据中心的实时视频信息，通过移动通信采集，将视频信息数据抓取标准格式，集中后接入所属节点。

2)视频信息的互编互解

视频监控系统应具有相同制式不同产商产品之间视频信息的互编互解功能。也具有不同制式视频信息的落地解码转换功能。

3)视频信息实时调用

视频监控系统应具有视频信息实时调用功能，以便支撑联网中心指挥中心更准确地对路段公司进行业务指导。

4)系统控制管理

视频监控系统应支持视频信息实时调用展示；支持对系统资源的管理，系统资源的名称和编号必须唯一确定。

4.5.2 系统功能目标

1)获取各路桥公司视频数据信息

获取数据特征，包括检测器编号、数据采集时间、图像数据、地点车速、交通流量、密度、行驶方向、占有率、车辆抛锚、道路养护等。

2)视频数据标准化

视频数据标准化指视频数据接入后进行互编互解等步骤。

3)视频监控系统实时调用

视频数据必须达到可以实时调用路段实时交通情况信息。

4)视频数据传输

信息采集系统必须实现向联网中心路网综合数据中心实时进行图像多路传输。

4.5.3 系统功能设计

视频监控系统有以下处理模块：

1)视频信息接入和传输

视频前端采集的是实时视频信息必须接入所属节点。接入节点的视频图像可以为PAL制式的模拟图像，也可以为MPEG-2、MPEG-4或H.264等格式的数字图像。视频信息应以数字形式传输，系统对外视频传输可以采用数字形式或模拟形式。不同视频系统之间的视频信息可以在权限许可范围内共享。视频信息系统的控制数据可以跨(子)系统传输。

2)视频信息实时调用

视频监控系统应具有视频信息实时调用功能。联网中心的信息采集系统可以实现对路段公司的视频进行实时调用，并在各线路之间随时切换，可选择实现多路图像同步播放功能。

3)视频信息互编互解

视频监控系统应具有相同制式不同产商产品之间视频信息的互编互解功能。也具有不同制式视频信息的落地解码转换功能。

4)系统管理控制

视频监控系统应支持模拟矩阵切换、数据矩阵切换、IP网络流媒体分发控制，实现实时视频展示调用和分发或切换。视频监控系统必须支持远程实时PTZ控制；必须具有视频单播和组播等分发功能；必须支持锁定和解锁功能；应可以按照需求调整相应编码器的编码速率，改变图像质量和传输流量；

应提供 WEB 服务，支持视频信息实时展示、切换和 PTZ 控制。

4.5.4 系统结构

1）系统逻辑结构

视频监控信息采集系统逻辑结构如图 4-31 所示。

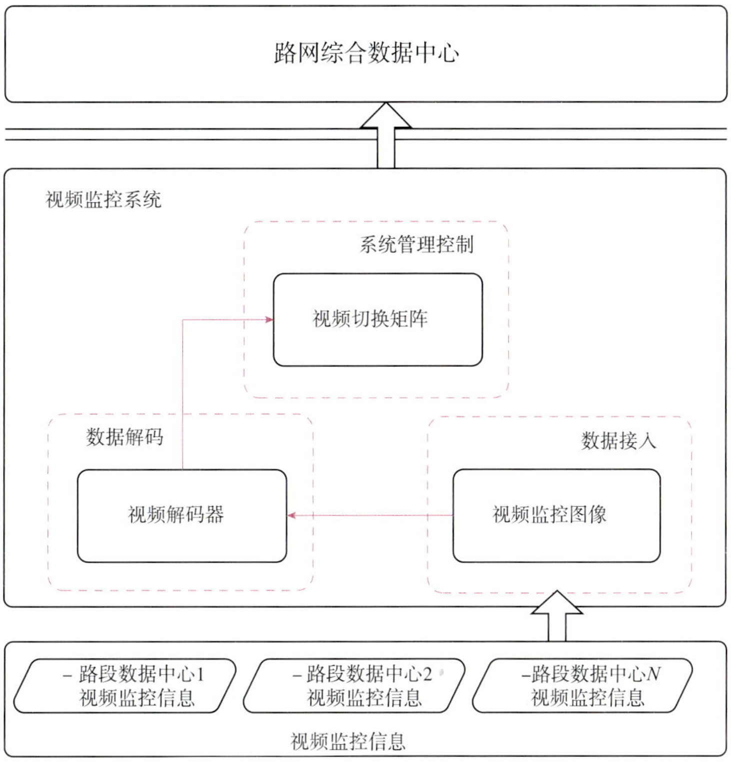

图 4-31　视频监控信息采集系统逻辑结构图

对图 4-31 说明如下：

（1）路段数据中心将视频监控图像传输至路网综合信息中心。

（2）视频解码器是连接视频矩阵接口，对模拟视频进行实时编码，形成供网络传输的数字视频流。

（3）视频切换矩阵等系统管理控制是设备接口，可连接编码器，输出视频模拟信号。编码器数量与提供综合平台的视频矩阵输出接口一一对应；通信接口，提供视频切换、操作等控制协议。

2）系统物理架构

视频监控系统物理架构如图 4-32 所示。

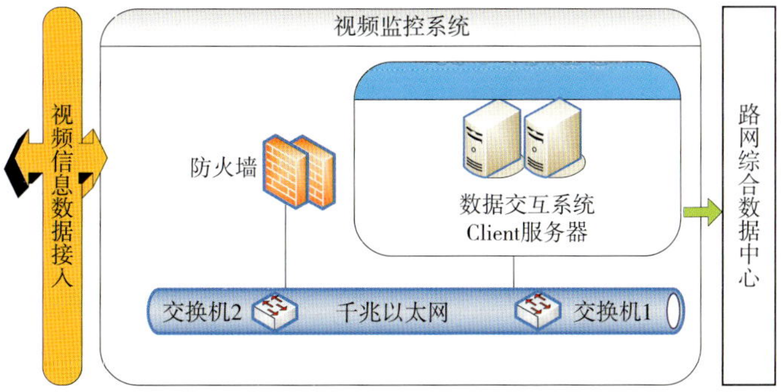

图 4-32　视频监控系统物理架构图

4.5.5 设计要求

1)系统技术指标要求

视频监控系统要达到以下技术指标要求。

(1)系统时延：切换指令时延小于1500ms；控制指令时延小于400ms。

(2)系统稳定性：系统稳定性要达到99.9%。

(3)安全性：系统前端硬件设备宜支持热插拔；设备异常时应能向系统发送告警信息，并自动重新启动或后端远程启动。

2)通信要求

视频服务器与视频服务器之间以客户—服务器方式(C/S)建立TCP连接，用于双方信息的相互提交。子系统视频服务器是连接的发起者，作为客户端(C)，系统视频服务器作为服务器端(S)，视频服务器之间进行信息交互时，采用长连接方式，设置心跳检测，每隔30s双方互发心跳信号。长连接指在客户端(C)和服务器端(S)先建立通信连接，双方再进行报文发送和接收。在一个连接上可以连续发送多个数据报文，然后断开连接。在连接保持期间如果没有数据报文发送，需要双方发送链路检测报文。

连续三个周期未收到心跳信号认为连接断开。

4.6 气象检测系统设计

气象检测系统包括从省气象局获取的原始气象检测信息和处理生成的气象信息。该采集系统得到的气象信息将会转换成路网综合数据中心所需的统一编码格式，并进行数据的存储和应用。

4.6.1 业务模型

如图4-33所示，气象检测系统处理业务流程说明如下。

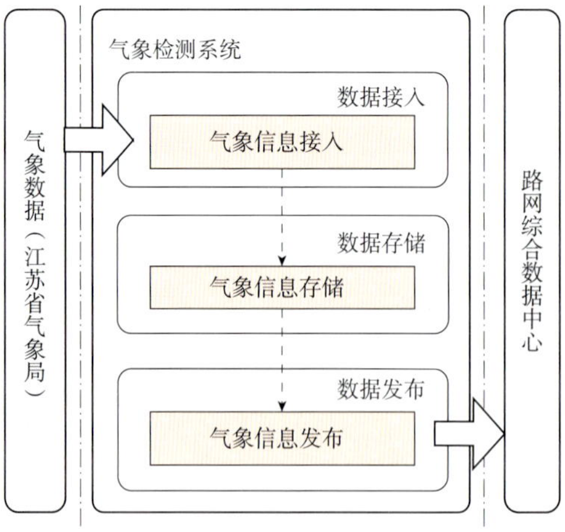

图4-33 气象检测系统数据业务流程

1)气象检测信息接入

气象检测信息由联网中心从江苏省气象局采集。

2)气象检测信息存储

将气象检测信息系统得到的全省高速公路的气象信息转换成路网综合数据中心的统一编码格式，

并在路网综合数据中心进行数据的存储和应用。

3)气象检测信息发布

根据用户的需求，将气象信息通过不同的发布方式提供给不同的用户群体。利用后端应用开发接口，统一定制数据规格。应用开发采用引擎模块设计，具有可扩展性，以满足不同信息发布的需求。

4.6.2 系统功能目标

1)获得完备的全网气象检测信息

需要从省气象局获得完备的气象信息，获取数据特征包括检测器编号、数据采集的时间、能见度、温度、湿度、降水量、风速、风向、气压等。

2)气象检测器信息的存储

将气象检测信息系统得到的全省高速公路的气象信息转换成路网综合数据中心的统一编码格式，并在路网综合数据中心进行数据的存储和应用。

3)维护道路 GIS 数据

鉴于气象信息对道路交通状态信息的影响，需要提供气象站点、路段以及应用于路网综合数据中心的标准 GIS 数据之间的映射关系。

4.6.3 系统功能设计

气象检测系统有以下处理模块：

1)气象检测信息接入和传输

气象检测系统采集从江苏省气象局获取实时气象检测信息，抓取标准格式气象检测信息数据，集中后接入所属节点。

2)气象检测信息存储

从移动通信系统的通信端口获取气象检测信息，接收后直接备份到本地数据库上，进行本地存储，以便路网综合数据中心调取使用，为各种应用提供数据支撑。

3)气象检测信息发布

根据用户的需求，将气象信息通过不同的发布方式提供给不同的用户群体(例如各路桥公司)。利用后端应用开发接口，统一定制数据规格。应用开发采用引擎模块设计，具有可扩展性，以满足不同信息发布的需求。

4.6.4 系统结构

1)系统逻辑结构

气象检测系统逻辑结构如图 4-34 所示。

对图 4-34 说明如下：

(1)江苏省气象局南京交通气象研究所实时接收气象检测数据，存储至气象数据服务器进行资料处理。

(2)江苏省高速公路联网中心通过专线主动抓取气象数据，并存储在气象数据库服务器。

(3)江苏省高速公路联网中心与各路桥公司专线连接，为各路桥公司提供实时气象数据。

2)系统物理架构

气象检测系统物理架构图如图 4-35 所示。

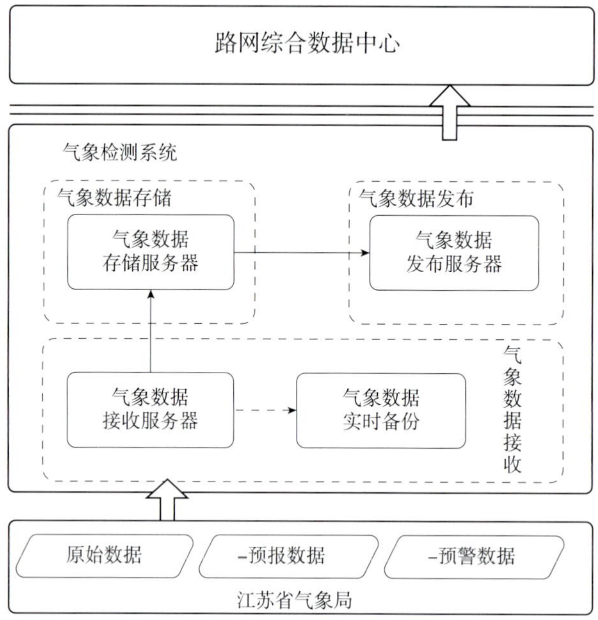

图4-34　气象检测系统逻辑结构图

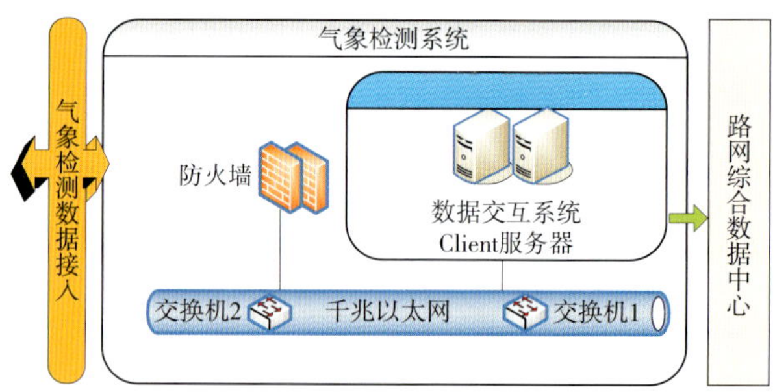

图4-35　气象检测系统物理架构图

4.6.5　设计要求

1)系统技术指标要求

气象检测系统的设计与开发，可达到以下技术指标要求。

(1)系统时延：数据传输时延要求小于20s；数据获取周期为1min。

(2)系统稳定性：系统稳定性要达到99.9%。

(3)高可用性：提供服务器集群服务和备份机制。

(4)安全性：保证输入、输出数据的安全性，通过防火墙制定严格的访问控制策略，并通过安全认证接口保证数据接口安全性。

2)通信要求

接入的气象检测系统数据，还需要考虑到网络线路接入的便利性。目前可能会使用到如下两类线路。

(1)专线：主要适用于安全性较高，传输的数据量比较大的情况。气象检测系统由于保密性级别较高，适合使用专线传输。

(2)互联网线路：主要适用于安全性不太高，传输的数据量相对比较小的情况。另外，系统对外提供的接口交通状态数据，其数据量也比较小，也可考虑使用此线路进行传输。

4.7 路侧交调采集系统设计

路侧交调采集系统获取各路段数据中心提供的原始数据，通过通信系统传输，统一抓取标准格式的路侧交调数据信息，并进行存储，获得路段流量、行驶方向、地点车速、车头时距、车头间距、跟车百分比、时间占有率等交通状态信息。

4.7.1 业务模型

路侧交调信息采集处理系统业务流程如图4-36所示。

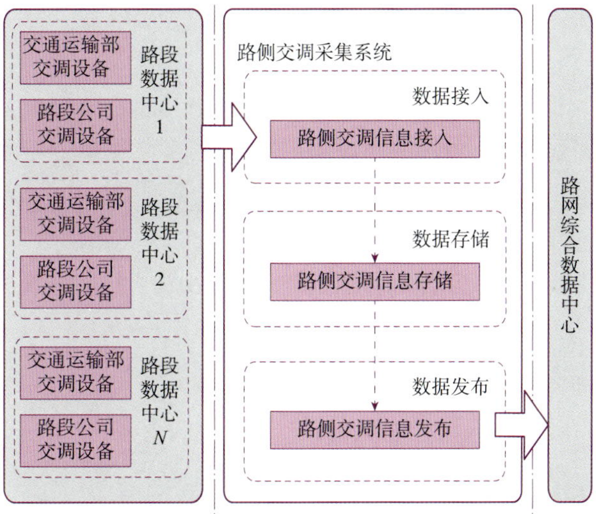

图4-36 路侧交调采集系统数据业务流程

路侧交调采集系统处理业务流程说明如下：

1）路侧交调数据接入

路侧交调采集系统从各路段数据中心获取原始数据，通过移动通信传输，将路侧交调数据信息抓取标准格式，集中后传输至路侧交调采集系统。

2）路侧交调数据存储

路侧交调数据存储服务器存储已经抓取来的路侧交调数据，获得路段的流量、行驶方向、地点车速、车头时距、车头间距、跟车百分比、时间占有率等交通状态信息。

3）路侧交调数据发布

根据用户的需求，将交通信息通过不同的发布方式提供给不同的用户群体。利用后端应用开发接口，统一定制数据规格。应用开发采用引擎模块设计，具有可扩展性，以满足不同信息发布的需求。

4.7.2 系统功能目标

1）获得完备的全网路侧交调信息

路网数据中心从各路段数据中心获取交通信息，获取数据特征包括检测器编号、路段的流量、行驶方向、地点车速、车头时距、车头间距、跟车百分比、时间占有率等。

2）路侧交调信息的接入并存储

路网信息采集系统调用路段数据中心中的路侧交调数据，并进行存储。

3）维护道路 GIS 数据

为更好地体现路侧交调信息对全省高速公路路网交通状况的影响，需要提供各级路侧交调数据调查站点、路段以及应用于路网综合数据中心的标准 GIS 数据之间的映射关系。

4.7.3 系统功能设计

路侧交调采集系统有以下处理模块：

1）路侧交调信息接入和传输

路侧交调采集系统是联网中心从路段数据中心抓取路侧交调数据，通过千兆以太网，将路侧交调信息数据抓取集中后接入所属节点。

路侧交调采集数据汇集的实时性要满足江苏省高速公路路况信息处理系统的要求，对收费车辆数据信息的采集周期按照路侧交调采集周期，传输时延不能超过 500ms。

2）路侧交调信息存储

从通讯系统的通讯端口获取的路侧交调信息，接收后直接备份到本地数据库上，进行本地存储，以便路网综合数据中心调取使用，为各种应用提供数据支撑。

3）路侧交调信息发布

根据用户的需求，将路侧交调的交通信息通过不同的发布方式提供给不同的用户群体（例如各路桥公司）。利用后端应用开发接口，统一定制数据规格。应用开发采用引擎模块设计，具有可扩展性，以满足不同信息发布的需求。

4.7.4 系统结构

1）系统逻辑结构

路侧交调采集系统逻辑结构如图 4-37 所示。

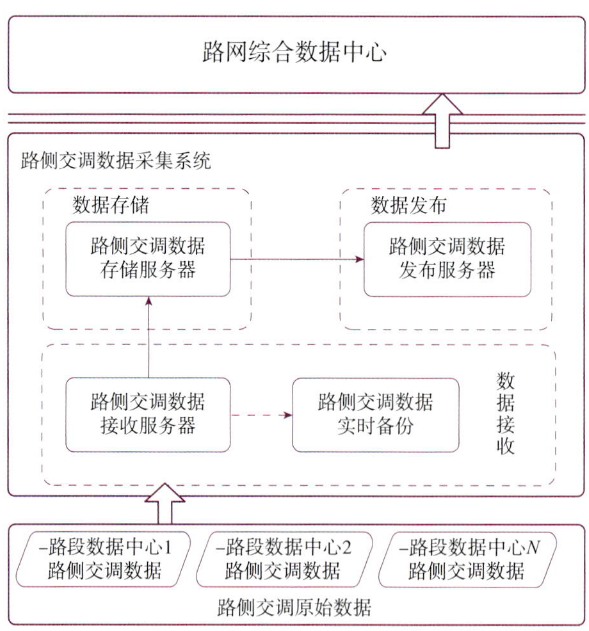

图 4-37 路侧交调采集系统逻辑结构图

对图 4-37 说明如下：

（1）路段数据中心采集的是交通部路侧交调微波数据和路段公司路侧交调微波数据。

（2）路侧交调数据接收服务器接入路段数据中心获取原始数据，通过通信传输，将路侧交调数据信息抓取标准格式，集中后传输至路侧交调采集系统。

(3)联网中心通过专线主动抓取路段数据中心的路侧交调数据，存储在路侧交调存储服务器中。

(4)数据发布服务器把路侧交调系统的交通数据结果数据汇聚到路网综合数据中心的数据库。

2)系统物理架构

路侧交调采集系统物理架构图如图4-38所示。

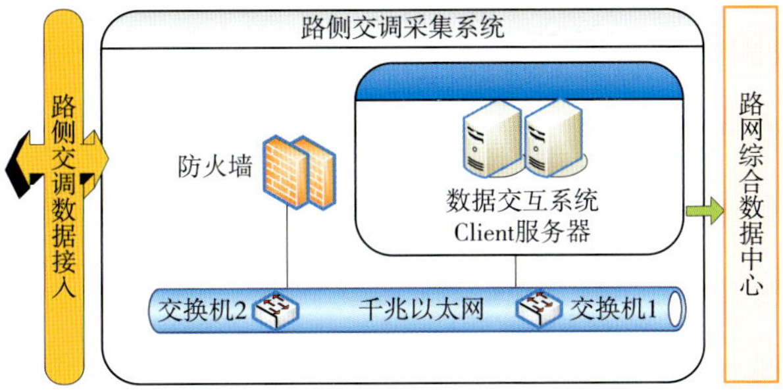

图4-38　路侧交调采集系统物理架构图

4.7.5　设计要求

1)系统技术指标要求

路侧交调系统的设计与开发，可达到以下技术指标要求。

(1)系统准确性：高速公路交通信息准确性要求能达到85%。

(2)采集周期：数据传输时延要求小于20s；数据获取周期为1min；数据处理周期为5min，实时更新。

(3)系统稳定性：系统稳定性要达到99.9%。

(4)高可用性：提供服务器集群服务和备份机制。

(5)安全性：保证输入、输出数据的安全性，通过防火墙制定严格的访问控制策略，并通过安全认证接口保证数据接口安全性。

2)通信要求

接入的路侧交调系统数据，还需要考虑到网络线路接入的便利性。目前可能会使用到两类线路：

(1)专线：主要适用于安全性较高，传输的数据量比较大的情况。路侧交调系统由于保密性级别较高，适合使用专线传输。

(2)互联网线路：主要适用于安全性不太高，传输的数据量相对比较小的情况。另外，系统对外提供的接口交通状态数据，其数据量也比较小，也可考虑使用此线路进行传输。

5 信息采集系统布设原则及方案

要实现对道路交通状态的实时感应，交通信息感应设备布设问题尤为重要。交通信息感应设备包括各类物理型检测器、视频监控设备以及气象检测设备，根据其特性不同，有不同的布设原则与方法。本章首先重点对智慧高速交通状态采集设备、视频监控系统、气象检测系统布设原则及方案进行说明，其次提出支撑信息采集系统软硬件配置最低要求，为国内智慧高速信息采集系统建设提供了一个范例。

5.1 交通流状态采集系统布设原则及方案

5.1.1 布设原则

交通流状态采集系统设计包含路网层采集系统和路段交调采集系统，各种采集方式通过布设在路段上的交通流状态采集点采集信息。交通流状态采集点可以分为物理型采集点和虚拟型采集点两类。物理型采集点包括交调站等实体的采集设施，虚拟型采集点是非物理设施，如手机通信基站之间的信令切换点、路段上卫星定位车辆生成的移动采集点。各种采集方式在功能上相互补充协调，共同为数据中心提供数据。基于手机信令的采集系统覆盖范围广、数据稳定可靠、建设成本低，将移动网络数据作为数据源，节约了基础设施的投入，可以节省25%～85%的建设和运维成本。

交通流状态采集系统的布设间距需要以满足数据精度为目标，同时受到采集系统的建设运维成本的制约。实际工作中，应将各种采集方式结合，充分利用已有设施，减少重复布设，实现资源的最优化利用。

交通流状态采集点布设原则以《公路网运行监测与服务暂行技术要求》（交通运输部2012年第3号公告）为基准，参考国内外经验，将路网层采集系统和路段交调采集系统有机结合，互为补充。以路网采集系统为基础，以路段交调采集设备作为补充加强，组成一个全时空无缝覆盖的交通流状态采集系统。

江苏省高速公路区域流量差异较大，设计差异化的布设原则将对实际建设工作提供更有针对性的引导。交通流状态采集点的布设密度可按路段的 V/C（流量与基本通行能力的比值）来划分，具体分为三级。

等级一：在交通繁忙地区，$V/C \geq 0.7$，以及易拥堵、易发生重特大突发事件、恶劣气象条件频发路段，平均布设间距为0.5km；

等级二：在 $V/C = 0.5 \sim 0.7$ 的路段，平均布设间距为1km；

等级三：在 $V/C < 0.5$ 的路段，平均间距为2km。

该标准综合考虑物理型采集点和虚拟型采集点的满足情况。目前，虚拟型采集点拟采用手机信令切换点，物理型采集点拟采用交调站，具体说明如图5-1所示。

移动信号的交界处为虚拟信息采集点，由于移动基站间的距离为2km左右，所以基站切换点即虚拟信息采集点的距离在2km以下，达到了等级三的布设要求，出入口之间的干道路段上仅需布设少量的物理信息采集点，作为手机信息采集系统的补充，并对流量进行校核。

对于等级二和等级一的信息采集点加密，其物理信息采集点的加密方案需要结合虚拟信息采集点的布局综合考虑，优先加密虚拟信息点较少的路段。

此外，物理交通流状态采集点布设还应遵循以下原则：

（1）对于城区附近交通特别繁忙地区的重要路段，需进一步加密，布设间距小于500m。

（2）特大型桥梁及两侧应设置物理交通状态采集点。

（3）3000m及以上长度的隧道须按照300～750m间距设置物理型交通流状态采集点。

（4）高速公路互通立交和服务区两侧须设置物理型交通流状态采集点。

(5)省界收费站和城市(地级市)入城收费站须设置物理型交通流状态采集点，其中收费站应在距收费车道200m处设置。

(6)线形不佳路段和地质、水文灾害易发路段等宜设置物理型交通流状态采集点。

(7)道路出入口路段须设置物理型交通流状态采集点。

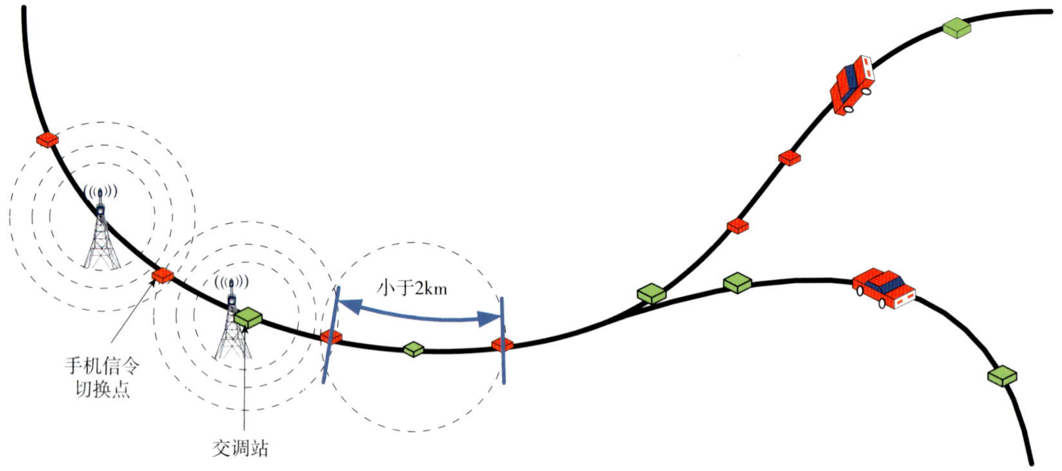

图5-1　交通流状态采集点布设图

5.1.2　物理型交通流状态采集点方案比选

目前，高速公路上常用的检测器包括线圈检测器、微波检测器、超声波检测器、红外检测器、超声波微波车检器等，各类检测器的性能见表5-1。

各类检测器性能比较　　表5-1

检测器类型	性　能
线圈检测器	检测精度较高，反应迅速，测速较准，可适用于一般道路的车辆检测。 需开槽，破坏路面结构
微波检测器	多车道检测(最多可检测8个车道)，检测参数较多(平均车速、占有率、按长度划分的车型和排队长度等参数)，全天候工作、可在恶劣气候条件下检测，使用方便，检测精度较高，漏检率低。 对占有率的检测精度高，对速度参数检测的准确度较低，不宜单独使用，需要与其他检测技术组合应用
超声波检测器	不需要破坏路面，也不受路面变形的影响，使用寿命长，可移动，架设方便。 容易受环境的影响，探头下方通过的人或物也会产生反射波，造成误检
红外检测器	常用在收费匝道检测通过车数和车辆前轴处车身高度(车型分类用)。 不能检测车速、占有率等变量，浓雾、大雪和大雨等严重影响能见度的因素会降低红外检测效果
超声波微波车检器	计数精度>99%，测速精度>98%，分型精度>95%，测速范围：0~200km/h，分型数量为部颁Ⅰ型标准(小货、中货、大货、特大货、小客、大客、拖挂、集装箱)

单一的检测器难以满足各种需求，多检测器融合技术能较好地解决联网营运管理对数据高精度和类型全面性的需求。超声波微波车检器采用超声波和微波雷达复合式检测技术，具有计数、测速、分型精确度高，测速范围广，分型数量标准高，安装简单等优点。该系统采用国际先进的检测技术，可靠性高，可确保三年无故障运行，具有良好的系统兼容性和扩展性。

5.2 视频监控系统布设原则及方案

江苏省各高速公路的视频监控系统建设情况存在较大差异，将视频监控系统的发展划分为三个阶段，重点监控阶段、全面覆盖阶段和加密实施阶段，各路桥公司根据实际情况进行相应视频监控系统的建设。

1）重点监控阶段

该阶段需要先在路段重要节点进行监控，减少拥堵，降低事故事件发生率，布设原则如下：

(1)互通立交区域必须设置摄像机。

(2)易拥堵、易发生重特大突发事件、恶劣气象条件频发等路段应按照2km的间距设置摄像机。

(3)避险车道必须设置摄像机。

(4)服务区、停车区应设置摄像机。

(5)特大桥宜设置摄像机；跨大江、跨海湾等特大桥，应按照2km的间距设置摄像机。

2）全面覆盖阶段

该阶段按照2km的平均间距进行布设，实现各路段视频监控的全面覆盖。对于重点监控阶段已经布设的重要节点，对其进行加密。易拥堵、易发生重特大突发事件、恶劣气象条件频发等路段、特大桥按照小于1km的间距进行布设。互通立交区域、服务区、停车区在原有基础上进行加密。

3）加密实施阶段

加密实施阶段主要对视频监控系统进行加密，提高监控精度，实现无缝监控，布设间距为1km。对于重特大事件易发、恶劣气象条件频发等重要路段，进一步加密，布设间距为500m。

视频监控系统布设还需遵循以下原则：

(1)摄像机的布设位置应避免跨线桥、灯杆、固定标志、信息标志等的阻挡和干扰。

(2)弯道区域应合理考虑摄像机有效监控范围。

改造项目摄像机宜选择靠近已有通信分歧管道或桥梁、涵洞处设置。

5.3 气象检测系统布设原则及方案

气象检测系统由联网中心和气象局共同开展。按照江苏省“十二五”规划在全省联网高速公路上规划建设386个多要素公路交通气象监测站。以当前在宁沪高速、沿江高速、宁常高速等交通干线上建设完成的交通气象监测站为基础，在全省高速公路沿线上规划建设以能见度、路面(基)温度为主的多要素公路交通气象监测站，建成具有规模化、现代化的全省高速公路交通气象实时监测系统。

遵循“加强重点路段、架构全路网的监测系统”原则，优先选择120个监测站点作为一期建设内容。目前，一期建设已经完成，基于全省高速公路网的交通气象检测系统的初步框架基本构成。二期计划建设123个气象监测站，主要是在未建高速公路上布设或在已建高速公路上加密布设，分布在京沪公司、扬子公司、连徐公司等。二期建设模式与一期一致，具体建设内容包括监测站、服务器和工作站。其余143个气象监测站也会在此基础上建设。

5.4 软硬件配置最低要求

5.4.1 软件环境最低要求

1)数据库要求

本系统采用 Oracle 数据库系统。

(1)具有数据透明、网络透明，支持异种网络、异构数据库系统。并行处理，采用动态数据分片技术。

(2)支持客户机/服务器体系结构及混合的体系结构(集中式、分布式、客户机/服务器)。

(3)支持多种系统平台(HPUX、SUNOS、OSF/1、VMS、Windows、Windows/NT、OS/2、Linux 等)。

(4)数据安全级别为 C2 级。

(5)支持多字节码制，支持多种语言文字编码。

(6)采用标准的 SQL 结构化查询语言。

(7)具有丰富的开发工具，覆盖开发周期的各阶段。

(8)具有字符界面和图形界面，易于开发。

2)中间件要求

采用基于 J2EE 的整体技术架构，中间件采用 JBoss 应用服务器。为保证技术体系的一致性，建议采用 JBoss 作为应用服务器。

3)其他支撑软件要求

为保证平台的兼容性和一致性，以及系统的可靠性，建议 OS 采用 Linux 平台。

(1)操作系统要求。

①操作系统软件应采用开放的系统，同时具有较高的可靠性、容错能力，系统软件不易崩溃和破坏，具有良好的故障恢复能力。

②操作系统应具有较强的网络功能，应能支持通用的网络协议，应支持对不同机型互联。

③操作系统应能满足实时要求，具有同时进行联机事务处理的能力。

④操作系统软件应具备升级能力，并能做到向后兼容。

⑤操作系统应支持多个终端进行操作，支持多用户进程。

⑥操作系统应同时支持字符终端和图形界面。

(2)应用软件要求。

①在保证技术先进性的前提下，采用成熟技术进行开发，并尽可能与硬件同步。

②应用软件应采用全汉化的图形界面，并采用模块化设计方法，对应用系统进行功能分块，标准化各模块间的接口。

③对任何实时分析操作的反应时间不应大于 10s。

④支持多个远端工作站。

⑤采用网络型关系数据库。

⑥多层处理结构，分布式处理，模块化设计，高内聚、低耦合、故障隔离，无存储瓶颈和处理瓶颈，具有良好的可扩展性，可平滑扩容。

⑦系统具有很好的开放性，应能实现纵向联网和横向联网。

(3)数据库软件要求。

①具有数据透明、网络透明，支持异种网络、异构数据库系统。并行处理，采用动态数据分片技术。

②支持客户机/服务器体系结构及混合的体系结构(集中式、分布式、客户机/服务器)。

③支持多种系统平台(HPUX、SUNOS、OSF/1、VMS、Windows、Windows/NT、OS/2、Linux等)。

④支持多字节码制，支持多种语言文字编码。

⑤采用标准的SQL结构化查询语言。

⑥具有丰富的开发工具，覆盖开发周期的各阶段。

⑦具有字符界面和图形界面，易于开发。

5.4.2 硬件配置最低要求

智慧高速公路交通信息采集系统对硬件的要求如下：

信息采集系统处理设备要求可靠、稳定，平均故障时间间隔大于2万h，故障平均修复时间应小于4h。硬件设备应有较高的可靠性和容错能力。为了适应系统的容量的增加，硬件设备应具备较强的扩展能力，并应具备升级和向后兼容的能力。

要求采用通用的计算机系统，使用分布式系统结构，局域网和广域网混合相连。系统的硬件性能优良、运行平稳可靠，并可以保证长时间的连续工作。服务器硬件平台应支持UNIX/Linux操作系统，使用的硬件平台应支持标准的通信接口。

系统主要硬件的容量和性能指标(包括内存容量、处理器主频、硬盘容量、通信网带宽)应能适应整个系统处理能力、通信传输量、数据存储量和用户实际需求等各方面的要求。

系统应根据需要配备各类外设：高速打印机(激光打印机)、磁带机或磁带库、光盘机、活动硬盘等设备。

重要的硬件设备(主处理机、存储器、数据链路等)可采用热备份的方式，监测系统还必须配备不间断电源，一旦出现故障后，可以做到及时的切换(包括人工或自动切换)，保证系统能够连续工作。

根据系统物理架构图，系统共涉及如下设备：

1)数据库服务器

数据库服务器选型原则：先进性、安全性、高可扩展性、标准性和开放性、高可用性、经济性和投资保护。

数据库服务器是系统的重要组成部分，数据库服务器主要是完成基础数据的存储，以及计算过程中的中间结果和最后计算结果的保存。实时交通状态处理系统和数据分析系统各需要一套数据库软件。为保证系统的高可用性和高可扩展性，实时交通状态处理系统中的数据库采用集群数据库。为保证数据库系统的可靠性，数据库服务器通过SAN交换机连接磁盘阵列。

2)应用服务器

应用服务器的设计原则：应用服务器的扩展以横向数量增加为主；对处理能力要求高及重要的应用服务器选用高档的PC服务器，并对重要服务器进行集群，以提高系统运行的可靠性。

3)通信服务器

手机原始数据接收通信服务器，用于实时接收手机原始数据，建议由2台服务器构成集群提高持续服务能力。该服务器在选型上可以采用低档PC服务器。

4)应用服务器

此部分就是手机数据计算服务器。

由于系统采用分布式架构，当数据量增加后只需要增加相应的计算服务器就可以满足系统扩容的要求。该服务器在选型上采用中档 PC 服务器。

各类服务器的主要技术指标描述如下：

1)高档 PC 服务器主要技术指标

(1)CPU：≥2.8GHz；

(2)CPU 个数：≥4 个；

(3)ECC RAM：16GB，可扩充到 64GB；

(4)内置阵列型号：Ultra 3 SCSI，阵列内存≥64MB；

(5)RAID1：400GB 以上(15K 转，热插拔)×6；

(6)以太网卡：1Gbps×2；

(7)光纤卡：4Gbps×2；

(8)DVD-ROM：≥8 速；

(9)电源及风扇：热插拔，冗余；

(10)支持操作系统：Windows，Linux。

2)中档 PC 服务器主要技术指标

(1)CPU：≥2.4GHz；

(2)CPU 个数：≥2 个；

(3)ECC RAM：8GB，可扩充到 32GB；

(4)内置阵列型号：Ultra 3 SCSI，阵列内存≥64MB；

(5)RAID1：400GB 以上(15K 转，热插拔)×6；

(6)以太网卡：1Gbps×2；

(7)光纤卡：4Gbps×2；

(8)DVD-ROM：≥8 速；

(9)电源及风扇：热插拔，冗余；

(10)支持操作系统：Windows，Linux。

3)低档 PC 服务器主要技术指标

(1)CPU：≥2.2GHz；

(2)CPU 个数：≥1 个；

(3)ECC RAM：4GB，可扩充到 32GB；

(4)内置阵列型号：Ultra 3 SCSI，阵列内存≥64MB；

(5)RAID1：300GB 以上(15K 转，热插拔)×3；

(6)以太网卡：1Gbps×2；

(7)光纤卡：4Gbps×2；

(8)DVD-ROM：≥8 速；

(9)电源及风扇：热插拔，冗余；

(10)支持操作系统：Windows，Linux。

4)主干交换机的主要性能指标

(1)电源及风扇：热插拔，冗余；

(2)处理引擎：交换引擎冗余和备份；

(3)光网口：≥2；

(4)以太网端口：配置 48 个 1000Mbps。

5)存储设备的主要性能指标

(1)控制器：双控制器，冗余；

(2)缓存：≥4GB；

(3)磁盘组：6TB，可扩充到64TB；

(4)多模光纤：传输≥4Gbps ×32；

(5)光交换机：16 口 ×2。

参考文献

[1] 王炜，过秀成，等. 交通工程学[M]. 南京：东南大学出版社，2008.

[2] 徐良杰. 城市交叉口交通量调查方法研究[J]. 交通与计算机，2003(04).

[3] 仲小飞，马健霄，马亮. 五路环形交叉口交通量卡片调查法[J]. 城市交通，2009(06).

[4] 郭继孚，温慧敏，陈锋. 浮动车系统功能分析与应用设计研究[J]. 交通运输系统工程与信息，2007(03).

[5] Lijun C C D Y. Research on a PDA-based Portable Traffic Volume Survey System[J]. Computer and Communications，2006，4.

[6] 朱鲤，杨东援. 基于低采样频率浮动车的行程车速信息实时采集技术[J]. 交通运输系统工程与信息，2008，8(4).

[7] Xu L，Gao Y，Kuang X. Design and application of urban traffic state evaluation system[Z]. IEEE，20144642-4646.

[8] 周伟. 公路交通量OD分布的推断方法研究[J]. 中国公路学报，1991(02).

[9] Batty M. The size，scale，and shape of cities[J]. Science (New York，NY)，2008，319(5864)：769-771.

[10] 李佳. 组团式城市道路网规划研究[D]. 成都：西南交通大学，2006.

[11] 张利，汪林. 不利气象条件对公路交通安全的影响及对策[J]. 公路交通科技，2011(S1).

[12] 陈伟立. 雾对高速公路交通安全的影响分析与研究[D]. 西安：长安大学，2005.

[13] Trajkovic M，Gutta S. Vision-based method and apparatus for monitoring vehicular traffic events[Z]. Google Patents，2002.

[14] Shinar D. Traffic safety and human behavior[M]. Elsevier，2007.

[15] 王武宏. 驾驶行为形成模型及其在道路交通系统中的应用(英文)[J]. Journal of Beijing Institute of Technology(English Edition)，2001(03).

[16] 裴玉龙，马骥. 道路交通事故道路条件成因分析及预防对策研究[J]. 中国公路学报，2003(04).

[17] 邓小勇，扈中伟，张彭，等. 基于车流特征分区算法的地磁传感器单节点车速估计[J]. 交通运输系统工程与信息，2010(05).

[18] 皮晓亮，王正，韩皓，等. 基于环形线圈检测器采集信息的交通状态分类方法应用研究[J]. 公路交通科技，2006(04).

[19] Changying J，Ziyao S，Baoxing G，et al. Obstacle detection based on point clouds in application of agricultural navigation [J]. Transactions of the Chinese Society of Agricultural Engineering，2015，31(7).

[20] Junger J R，Havlicek J P，Barnes R D，et al. Prediction aggregation of remote traffic microwave sensors speed and volume data[Z]. IEEE，20091-6.

[21] Klein L A. Sensor technologies and data requirements for ITS[M]. 2001.

[22] Klein L A，Mills M K，Gibson D R. Traffic Detector Handbook：-Volume II[R]. 2006.

[23] Wang G，Xiao D，Gu J. Review on vehicle detection based on video for traffic surveillance[Z]. IEEE，2008：2961-2966.

[24] 何最红. 基于视频的交通流参数检测方法研究[D]. 广东：广东工业大学，2006.

[25] Campbell J B. Introduction to remote sensing[M]. CRC Press，2002.

[26] Lenhart D, Hinz S, Leitloff J, et al. Automatic traffic monitoring based on aerial image sequences[J]. Pattern Recognition and Image Analysis, 2008, 18(3): 400-405.

[27] Chattaraj A, Bansal S, Chandra A. An intelligent traffic control system using RFID[J]. Potentials, IEEE, 2009, 28(3): 40-43.

[28] Duan T D, Du T H, Phuoc T V, et al. Building an automatic vehicle license plate recognition system [Z]. Citeseer, 2005: 59-63.

[29] 邹亮，徐建闽，朱玲湘，等. 基于浮动车移动检测与感应线圈融合技术的行程时间估计模型[J]. 公路交通科技，2007(06).

[30] Huber W, L A Dke M, Ogger R. Extended floating-car data for the acquisition of traffic information [Z]. 1999: 1-9.

[31] 杨飞. 基于手机切换定位的道路行程车速采集技术关键问题研究[D]. 上海：同济大学，2007.

[32] 冉斌. 手机数据在交通调查和交通规划中的应用[J]. 城市交通，2013(01).